浙江省高校重大人文社科项目攻关计划资助
浙江师范大学中国语言文学一流学科建设成果
浙江师范大学中国史一流学科建设成果

FROM UPPER SEA TO LOWER SEA

A Preliminary Study of Trade Routes
in Early Mesopotamia

从"上海"到下海

到下海

早期两河流域商路初探

刘昌玉 著

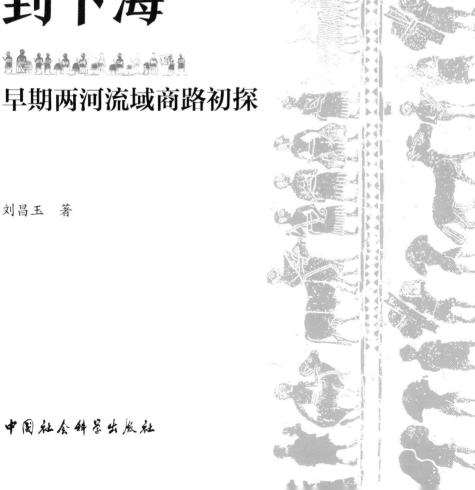

中国社会科学出版社

图书在版编目(CIP)数据

从"上海"到下海：早期两河流域商路初探／刘昌玉著. —北京：中国社会科学出版社，2019.7（2020.6重印）

ISBN 978 - 7 - 5203 - 4555 - 2

Ⅰ.①从… Ⅱ.①刘… Ⅲ.①两河流域—贸易史

Ⅳ.①F749

中国版本图书馆 CIP 数据核字（2019）第 115705 号

出 版 人	赵剑英
责任编辑	耿晓明
责任校对	夏慧萍
责任印制	李寡寡

出　　版	中国社会科学出版社
社　　址	北京鼓楼西大街甲 158 号
邮　　编	100720
网　　址	http://www.csspw.cn
发 行 部	010 - 84083685
门 市 部	010 - 84029450
经　　销	新华书店及其他书店

印　　刷	北京君升印刷有限公司
装　　订	廊坊市广阳区广增装订厂
版　　次	2019 年 7 月第 1 版
印　　次	2020 年 6 月第 2 次印刷

开　　本	880×1230　1/32
印　　张	6
插　　页	2
字　　数	160 千字
定　　价	39.00 元

目　　录

图 目 录

引　言

"从上海到下海"语出公元前 24 世纪阿卡德王国的建立者萨尔贡的王室铭文（苏美尔语：a-ab-ba-igi-nim-ma-ta a-ab-ba-sig-sig-še₃，阿卡德语：ti-a-am-tam_2 a-li_2-tam_2 u_3 sa_2-pil-tam_2），[①] 其中，"上海"特指地中海，"下海"特指波斯湾，此语意指萨尔贡建立的阿卡德王国地跨从地中海东岸到波斯湾的广大土地，在历史上第一次完成了两河流域地区的统一。[②] 两河流域地区是一个自然资源匮乏的地区，不仅缺乏石材、金属等矿藏资源，也缺乏大型木材。两河平原的灌溉，农业和畜牧业发达，盛产小麦、大麦、椰枣、无花果等农作物，以及牛羊等牲畜。正是由于其独特的自然条件，自远古开始，两河流域人们便与外界进行物品交易，从周围进口自然资源，形成了自然的商品流通和贸易。"商品首先是一个外界的对象，一个靠自己的属性来满足人

---

① Douglas Frayne, *Sargonic and Gutian Periods* (*2334 – 2113 B. C.*), The Royal Inscriptions of Mesopotamia Early Periods, Vol. 2, Toronto Buffalo London：University of Toronto Press, 1993, pp. 11 – 14.

② 两河流域（Mesopotamia），音译为"美索不达米亚"，源自古希腊语 $M\varepsilon\sigma\sigma\pi\sigma\tau\alpha\mu\iota\alpha$，意为"河流之间的土地"。这里的"两河"指幼发拉底河和底格里斯河，故两河流域文明又名美索不达米亚文明。

的某种需要的物。"① 有了商品，才会有商路。商路（trade route，即商业贸易路线）指商人进行远距离贩运所经过的路线，包括水路和陆路，以及沿途的站点和服务区等配套设施。对于中世纪以前的陆上通商道路而言，其中最著名且重要者即古代横贯亚欧大陆的"丝绸之路"。此外在亚洲内部，特别是蒙古、中南半岛、印度半岛和阿拉伯半岛等地，非洲的东部、北部和中部，以及欧洲各地，也都有商路纵横分布。近代交通运输发展后，旧有商路的作用逐渐减低。② 贸易路线是一种物流网络，包括货物商业运输的一系列路径和站点，也可用于指代水上贸易。当货物到达遥远的市场，单一贸易路线可包含长距离干线，其可进一步连接到较小的商业和非商业运输路线网络。③ 贸易和商路是国家经济和行政的重要组成部分，商路史的研究是揭开古代两河流域经济史神秘面纱的一把钥匙。

　　古代两河流域地区是人类文明的发源地之一。公元前7千纪起，这里已经开始了农业革命。公元前4千纪，苏美尔人发明了楔形文字，建立了苏美尔城邦，文明由此开始。两河流域指的是底格里斯河和幼发拉底河两条大河及其支流，底格里斯河（Tigris，苏美尔语 Idigna）全长1750公里，发源于土耳其东部陶鲁斯山脉的哈扎尔湖，向南流经土耳其、伊拉克，其支流主要有大扎布河（426公里长）、小扎布河（402公里长）和迪亚拉河（445公里长）；幼发拉底河

---

① 《马克思恩格斯选集》第二卷，人民出版社2012年版，第95页。
② 辞海编辑委员会：《辞海》，上海辞书出版社1989年版，第943页。
③ Thomas S. Burns, *Rome and the Barbarians*, *100 B. C. -A. D. 400*, Baltimore: Johns Hopkins University Press, 2003, p. 213.

（Euphrates，苏美尔语 Buranuna）全长 3520 公里，是西亚最长的河流，发源于土耳其东部凡湖附近，流经土耳其、叙利亚和伊拉克，其支流主要有巴里赫河（Balikh，100 公里长）和哈布尔河（Khabur，486 公里长）；两河在今伊拉克巴士拉市附近汇合成为阿拉伯河，最后注入波斯湾。在地理范围上，两河流域地区包括今伊拉克全境、叙利亚东北部、土耳其东南部，以及伊朗西部地区。在区域划分上，两河流域以今伊拉克首都巴格达为界，北部称为亚述（Assyria），南部

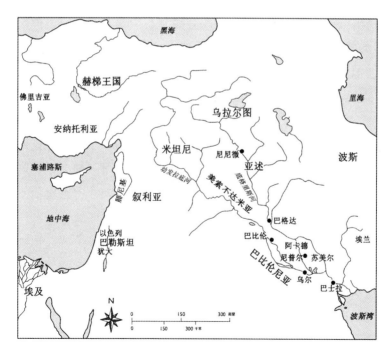

图 1　古代近东地图

资料来源：引自 S. Bertman, *Handbook to Life in Ancient Mesopotamia*, New York: Oxford University Press, 2003, p. 3.

称为巴比伦尼亚（Babylonia），其中巴比伦尼亚又以尼普尔（今伊拉克努法尔 Nuffar）为界，以北被称为阿卡德（Akkad），以南被称为苏美尔（Sumer）。

一 研究时空的界定

本书所论述的两河流域商路并不局限于两河流域地区本身，而是以两河流域作为中心或者切入点，向其东、西、南、北四个方向进行辐射，所论及的地理范围在广义上还涵盖了两河流域北部的安纳托利亚，南部的阿拉伯半岛和波斯湾沿岸，东部的伊朗高原、中亚腹地、阿富汗、高加索地区和印度河流域地区（今巴基斯坦全境、印度西北部），以及西部的叙利亚—巴勒斯坦地区（即东地中海沿岸）、埃及、塞浦路斯和希腊世界诸岛屿（如克里特岛）等地区。

在时间范畴上，本书所论述的两河流域商路历史的上限追溯至远古的旧石器时代，下限直到公元前 2 千纪，包括两河流域历史上的欧贝德文化、乌鲁克文化、早王朝时期、阿卡德王国、乌尔第三王朝、伊新—拉尔萨王朝、古巴比伦王国、中亚述—中巴比伦时期。本书所论述的时间线，既有两河流域年代学，也有根据周边文明和历史的纪年方式，比如古埃及的年代顺序，伊朗文明和赫梯文明的年代学线索，不仅从纵向上把握两河流域各个王朝、各个历史阶段的商路情况，也从横向年代学方面注意同一时间段上不同地区和王朝之间的呼应与横向比较，同时还特别注意一地区是否被另一地区吞并。我们通过纵向和横向两者来看待历史发展顺序，努力有效揭示历史发展规律。本书以原始楔形文字文献与考古发现为依据，从横向串联以两河流域为中心的国际贸易商路网络体系，从宏观角度探讨上古时期商路对于沟通东西方文化交流的历史与现实意义。

二　研究综述

自 19 世纪中叶亚述学诞生至今，国外学者一直关注两河流域商路研究，其研究切入点、侧重点和范畴各异，取得了丰硕的研究成果。由于古代语言的障碍及考古材料的缺乏，国内学者对古代两河流域贸易及商路的研究非常薄弱，相关的论著微乎其微，仅涉及两河流域与狄勒蒙的海上贸易以及东地中海贸易等方面。①

1. 综合研究

关于古代两河流域商路贸易的研究，国外学者更倾向于个案研究，但是也有一些综合研究的成果出现。1970 年，奥本海姆以"古代近东的贸易"为题在莫斯科召开的第五届国际经济史大会上首次系统研究了古代近东（以两河流域为主）的贸易特征，正式打开了研究古代两河流域贸易的大门。② 1975 年，李曼斯在德国《亚述学与近东考古学专业词典》（RlA）第 4 卷的"贸易"词条中论述了两河流域从史前直到新巴比伦时期的贸易概况，是对两河流域贸易和商路研究的基本工具性参考书，同时还附有丰富的参

---

① 比如：吴宇虹、国洪更《古代两河流域和巴林的海上国际贸易》，《东北师大学报》2004 年第 5 期；刘健《东地中海地区古代民族的交流及其文化特性》，《上海师范大学学报》（哲学社会科学版）2006 年第 6 期。

② A. L. Oppenheim, "Trade in the Ancient Near East", in S. D. Skazkin ed., *Problemy genezisa kapitalizma*: *Sbornik statej k Meždunarodnomu kongressu ekonomičeskoj istorii v Leningrade v 1970 g*, Moskva: Nauka, 1970, pp. 1 – 37.

考文献。1976 年的第 23 届国际亚述学大会（RAI），就是以古代近东的贸易作为主题，与会学者们根据自己的研究专长提交了相关论文，既有涉及贸易概况和理论的综合研究，又有包括各个历史时期、不同区域间的贸易和商路的研究。次年，这些论文被位于英国伦敦的伊拉克不列颠考古学校分别在两个不同系列出版，① 这是国际亚述学界首次组织规模庞大的学者团队专门针对古代两河流域贸易而进行的学术讨论，为古代两河流域贸易史乃至近东地区的社会经济史奠定了基础。1987 年，拉尔森在《古代世界的中心与边缘》其中一节"古代近东的商贸网络"中，系统梳理了古代近东的商路网络体系与机制的发展脉络，以古亚述贸易为例探索了古代近东贸易的运转规律。② 1995 年，萨松编的《古代近东文明》丛书第 3 卷第 6 章"经济与贸易"，收录了 9 篇有关古代两河流域商业与贸易方面的论文，涉及古代西亚的经济、陆上商路、海上及河流商路、近东与南亚和北非贸易等内容。③ 1999 年，戴克森主编的论文集《古代两河流域的贸易与财政》收录 9 篇两河流域贸易与金融的论文，涉及私人经济、资本投资、信贷、货

① 一是发表在期刊《伊拉克》，D. J. Wiseman and J. D. Hawkins eds., *Iraq*, 39/1（1977），pp. 1 - 320；一是出版于系列丛书《国际亚述学大会论文集》丛书第 23 卷，J. D. Hawkins ed., *Trade in the Ancient Near East: Papers presented to the XXIII Rencontre Assyriologique Internationale University of Birmingham 5 - 9 July, 1976*, London: British School of Archaeology in Iraq, 1977。

② M. T. Larsen, "Commercial networks in the Ancient Near East", in M. Rowlands, M. Larsen and K. Kristiansen eds., *Centre and Periphery in the Ancient World*, Cambridge: Cambridge University Press, 1987, pp. 47 - 56.

③ J. M. Sasson ed., *Civilizations of the Ancient Near East*, Vol. 3, New York: Charles Scribner's Sons, 1995, pp. 1373 - 1500（Chapter 6 "Economic and Trade"）.

币和商业模式等领域。① 通过研讨会和论文集、丛书等形式
集结各领域的学者就所专长方向各自研究，然后系统组织成
为一个两河流域商路的系列，这是国外综合研究两河流域商
路的一种行之有效的方式。此外，学者们还从理论角度，结
合现代经济学知识，对古代两河流域的贸易和商路进行了研
究。其中最有名的要属波兰尼这位经济学家，他套用现代经
济学原理来研究古代两河流域的贸易特征，在其所主编的
《早期帝国的贸易和市场》中认为古代两河流域的贸易具有
非市场化特征。② 他的这一观点也得到了部分亚述学家的认
可。③ 李曼斯利用现代贸易知识来解读古代两河流域贸易的
特征，尤其是长途贸易方面，并且分析了影响贸易发展和变
化的因素，以及古代贸易与近现代贸易的比较研究。④ 埃登
斯将经济学家沃勒斯坦的"世界体系"理论嵌入到古代两河
流域贸易的研究中去，集中于讨论波斯湾贸易的特征。⑤ 总
体上讲，这些学者们不管是纵向梳理古代两河流域的贸易历
史，还是利用现代经济学手段来分析古代两河流域贸易，都
具有一定的历史局限性和主观性，古代两河流域贸易和商路
作为一个十分复杂的系统，很难简单地套用一两个理论或者

---

① J. G. Dercksen ed., *Trade and Finance in Ancient Mesopotamia*, Leiden: Nederlands Instuut voor het Nabije Oosten, 1999.

② K. Polanyi, et al. eds., *Trade and Market in the Early Empire*, Chicago: Regnery, 1957.

③ D. C. Snell, "Marketless Trading in Our Time", *Journal of the Economic and Social History of the Orient*, 34/3 (1991), pp. 129 – 141.

④ W. F. Leemans, "The Importance of Trade, Some Introductory Remarks", *Iraq*, 39/1 (1977), pp. 1 – 10.

⑤ C. Edens, "Dynamics of Trade in the Ancient Mesopotamian 'World System'", *American Anthropologist*, *New Series*, 94/1 (1992), pp. 118 – 139.

公式予以解决。故此，更多的学者倾向于分离式研究，即要么只研究某个区域的贸易，要么只研究某个时间段内的贸易情况，要么只研究一种或几种商品的贸易情况，这些个案研究则是学术界对古代两河流域商路贸易研究的主流。

2. 分区域研究

这里讲的分区域研究，主要是与两河流域地区发生联系的区域，或者是以两河流域地区为中心向四周辐射，其中两河流域以北地区包括安纳托利亚（今土耳其），以南地区包括阿拉伯半岛南部、波斯湾沿岸地区（狄勒蒙、马干）以及沿印度洋抵达印度河流域地区（麦鲁哈），以东地区包括伊朗高原、高加索地区和阿富汗等地，以西地区包括叙利亚—巴勒斯坦（东地中海沿岸）、埃及、塞浦路斯岛、爱琴海诸岛（克里特岛）等地。由于所涉及地区跨越多个文明，各文明之间的交流也成为学者们研究的重心。这些地区与两河流域之间的贸易和商路研究，不仅是亚述学研究范畴，而且还包括埃及学、赫梯学、希伯来学、埃勃拉学、伊朗学和西方古典学等研究各个文明文字的学科领域，以及考古学、人类学、民族学、海洋学等其他专业的知识。下面将按照由北而南、自东向西的顺序，依次梳理以往的研究成果与简要评析。

两河流域地区与其北部安纳托利亚的贸易始于史前时代的黑曜石贸易，学者们主要是从考古学、地质学材料来进行研究。此外，学者们对古亚述时期亚述与安纳托利亚的殖民贸易也已经有比较深入的研究。

两河流域地区与其南部地区的贸易及商路主要指的是波斯湾—印度洋贸易，学者们根据楔形文字文献中连续出现的三个异域地名：狄勒蒙、马干和麦鲁哈，将其依次对应于今天的巴林、阿曼和印度河流域，首先是针对这三个地区的具体位置，长期以来在学术界展开了激烈的讨论，自1921年奥尔布赖特斯①以来，先后有诸如马洛万②、雅里茨③、格尔布④、杜林－卡斯珀斯⑤、汉斯曼⑥、撒帕尔⑦、波茨⑧、克里希那穆提⑨、米哈洛夫斯基⑩等学者根据各种资料证据来考证狄勒蒙、马干和麦鲁哈的具体位置，其中以对麦鲁哈位置的学术争议最大。这些学者中除了专业的亚述学学者之外，还

① W. F. Albright, "Magan, Meluha, and the Synchronism between Menes and Naram-Šin", *The Journal of Egyptian Archaeology*, 7/1 - 2 (1921), pp. 80 - 86.

② M. E. L. Mallowan, "The Mechanics of Ancient Trade in Western Asia: Reflections on the Location of Magan and Meluhha", *Iran*, 3 (1965), pp. 1 - 7.

③ K. Jaritz, "Tilmun-Makan-Meluhha", *Journal of Near Eastern Studies*, 27/3 (1968), pp. 209 - 213.

④ I. J. Gelb, "Makkan and Meluhha in Early Mesopotamian Sources", *Revue d'Assyriologie et d'Archéologie Orientale*, 64/1 (1970), pp. 1 - 8.

⑤ E. C. I. During Caspers, "New Archaeological Evidence for Maritime Trade in the Persian Gulf During the Late Protoliterate Period", *East and West*, 21/1 - 2 (1971), pp. 21 - 44; E. C. I. During Caspers, "Sumer, Coastal Arabia and the Indus Valley in Protoliterate and Early Dynastic Eras: Supporting Evidence for a Cultural Linkage", *Journal of the Economic and Social History of the Orient*, 22/2 (1979), pp. 121 - 135.

⑥ J. Hansman, "A 'Periplus' of Magan and Meluhha", *Bulletin of the School of Oriental and African Studies*, *University of London*, 36/3 (1973), pp. 554 - 587.

⑦ R. Thapar, "A Possible Identification of Meluhha, Dilmun and Makan", *Journal of the Economic and Social History of the Orient*, 18/1 (1975), pp. 1 - 42.

⑧ D. T. Potts, "The Road to Meluhha", *Journal of Near Eastern Studies*, 41/4 (1982), pp. 279 - 288.

⑨ Bh. Krišnamurti, "The Dravidian Identification of Meluhha, Dilmun and Makan", *Journal of the Economic and Social History of the Orient*, 26/2 (1983), pp. 191 - 192.

⑩ P. Michalowski, "Magan and Meluhha Once again", *Journal of Cuneiform Studies*, 40/2 (1988), pp. 156 - 164.

有专门研究古印度文明的学者，他们根据古印度的达罗毗荼语及梵语知识认为，麦鲁哈应该位于印度河流域地区，属于印度河流域文明的范畴，并且进一步根据印度河流域文明的衰落来证明波斯湾—印度洋贸易由盛而衰的历史发展过程。除此，学者们还对其中单个地名进行个案研究，比如，卡特①和克劳福德②分别以波斯湾作为研究对象，就两河流域与波斯湾的海上贸易进行了系统研究，皮尔辛格③对两河流域与狄勒蒙的贸易进行了综合研究，不仅讨论了两地的考古遗址、陶器等遗迹的类比，还对沙特阿拉伯东部与南亚之间的贸易进行了探讨。兰伯格－卡洛夫斯基讨论了印度河流域与两河流域之间的贸易机制④，他们根据两地发掘出土的器物（印章、陶器、金属器皿、珠子等饰品）对两地之间的贸易类型及特征变化进行了研究。帕尔波拉等人就乌尔第三王朝文献中出现的"麦鲁哈村庄"这一现象⑤，研究了印度河流域人们在两河流域的生存状况以及文化同化与殖民等问题。

---

① R. Carter, "The Sumerians and the Gulf", in H. Crawford ed. , *The Sumerian World*, London and New York: Routledge, 2013, pp. 579 – 599.

② H. Crawford, *Dilmun and its Gulf Neighbours*, Cambridge: Cambridge University Press, 1998; H. Crawford, "Mesopotamia and the Gulf: The History of a Relationship", *Iraq*, 67/2 (2005), pp. 41 – 46.

③ C. M. Piesinger, *Legacy of Dilmun: The Roots of Ancient Maritime Trade in Eastern Coastal Arabia in the 4th/3rd Millennium B. C.*, PhD dissertation, University of Wisconsin-Madison, 1983.

④ C. C. Lamberg-Karlovsky, "Trade Mechanism in Indus-Mesopotamian Interrelations", *Journal of the American Oriental Society*, 92/2 (1972), pp. 222 – 229.

⑤ S. Parpola, A. Parpola, R. H. Brunswig, "The Meluhha Village: Evidence of Acculturation of Harapan Traders in Late Third Millennium Mesopotamia", *Journal of the Economic and Social History of the Orient*, 20/2 (1977), pp. 129 – 165.

两河流域地区与其东部地区的贸易及商路主要包括伊朗高原和阿富汗地区。伊朗文明作为两河流域文明的姊妹，深受两河流域文明的影响，两地之间的贸易联系也是由来已久，两河流域所稀缺的很多自然资源都是来自于伊朗地区，两地之间可以实现资源互补。不仅如此，伊朗还作为中转站沟通着两河流域地区和阿富汗的青金石贸易，这些记载两地贸易的文献以及考古发掘证据引起了学者们的极大兴趣。学者们通过对伊朗境内的沙里索克塔（Shahr-i Sokhta）、雅赫亚（Tepe Yahya）和西里施安（Shir-i Shian）等古代遗址的考察研究，从考古学方面探讨了伊朗高原与两河流域的贸易联系以及所存在的商路情况。①波茨根据在伊朗境内发掘的古代遗址及遗迹，对公元前3千纪两河流域与伊朗的跨区域陆上贸易类型进行了系统研究，并且比较了同时期的波斯湾贸易特征，指出伊朗高原的陆上贸易存在多种类型和复杂的贸易网，甚至作为上古时期除了两河流域之外近东地区的又一个贸易中心。②

两河流域地区与其西部地区的贸易及商路主要指的是东地中海沿岸的叙利亚—巴勒斯坦地区、埃及以及地中海的塞浦路斯岛及克里特岛等希腊城邦。东地中海世界的希腊人、腓尼基人、乌加里特人和古埃及人都是著名的航海民族，很

---

①　C. C. Lamberg-Karlovsky, M. Tosi, "Shahr-i Sokhta and Tepe Yahya: Tracks on the Earliest History of the Iranian Plateau", *East and West*, 23/1 – 2 (1973), pp. 21 – 57; R. H. Dyson, C. P. Thornton, "Shir-i Shian and the Fifth-Millennium Sequence of Northern Iran", *Iran*, 47 (2009), pp. 1 – 22.

②　T. F. Potts, "Patterns of Trade in Third-Millennium B. C. Mesopotamia and Iran", *World Archaeology*, 24/3 (1993), pp. 379 – 402.

早以前就从事地中海贸易，他们通过东地中海沿岸加强与两河流域地区的贸易往来，所以研究这一区域的国际贸易和商路历来就是包括亚述学家、埃及学家和西方古典学家们共同的兴趣。海塞以青铜时代晚期东地中海世界作为研究对象，探索了这一区域贸易的一般特性，通过迈锡尼、塞浦路斯、叙利亚地区分布的陶器类型，探究古代东地中海世界的海上贸易网的建立，着重分析了位于境内的哈措尔（Hazor）遗址，指出这里是古代地中海世界商路的主要站点，沟通了两河流域文明与希腊文明及埃及文明。[①] 伯纳德·纳普系统阐述了青铜时代地中海世界贸易中的制海权问题，是对全面认识地中海贸易性质的重要证据补充。[②] 除此，吉尔摩[③]、盖尔[④]、卢拉吉[⑤]等人从更广泛的范围来看待东地中海贸易的内涵与外延，分别研究了东地中海世界的迈锡尼、克里特、塞浦路斯的贸易情况。除了国外学者的研究成果以外，国内学者也对东地中海世界贸易有所研究，他们将贸易因素放入到东地中海文明的政治、军事和国际关系的综合研究中，而且

---

① K. J. Hesse, *Late Bronze Age Maritime Trade in the Eastern Mediterranean：An Inland Levantine Perspective*, Master thesis, Uppsala University, 2008.

② A. Bernard Knapp, "Thalassocracies in Bronze Age Eastern Mediterranean Trade：Making and Breaking a Myth", *World Archaeology*, 24/3 (1993), pp. 332 – 347.

③ J. Gilmore, *Mycenaean Trade with the East Mediterranean*, MA thesis, Durham University, 1977.

④ N. H. Gale, Z. A. Stos-Gale, "Oxhide Copper Ingots in Crete and Cyprus and the Bronze Age Metals Trade", *The Annual of the British School at Athens*, 81 (1986), pp. 81 – 100.

⑤ N. Luraghi, "Traders, Pirates, Warriors：The Proto-History of Greek Mercenary Soldiers in the Eastern Mediterranean", *Phoenix*, 60/1 – 2 (2006), pp. 21 – 47.

主要集中于公元前 2 千纪后半叶，即阿马尔那时代的贸易。①

3. 分时段研究

有的学者不是从横向研究某个区域与两河流域的贸易关系，而是关注古代两河流域某个时期或者某个王朝的贸易情况。当然，这两类研究也不是互相排斥的，而是互相交叉、密不可分的，比如学者们研究一个王朝的贸易，关注该王朝与某个区域的贸易及商路，或者是研究某个时间段的两河流域贸易，并未涵盖所有的地区，而是针对某个特定的区域。

关于古代近东史前时代贸易与商路的研究，学者们更多的是关注安纳托利亚的黑曜石贸易，这是近东史前贸易最典型的代表，众多学者们利用考古学、历史学，以及地质学等自然科学知识相结合的手段，通过对考古发掘的黑曜石实物进行化学测试，来求证其产地与分布之间的地理关系，从而进一步探究黑曜石贸易的路线与特征。乌鲁克文化期处于史前时代末期与两河流域文明交叉之际，美国人类学家阿尔加兹侧重于研究早期两河流域的贸易扩张，并且命名为"乌鲁克世界体系"，认为在乌鲁克文化期，两河流域的贸易体系已经远远超过周边其他地区，并且通过贸易这一方式宣传两河流域文化与文明，促成了后来的楔

---

① 比如：刘健《东地中海地区古代民族的交流及其文化特性》，《上海师范大学学报》（哲学社会科学版）2006 年第 6 期；郭丹彤《公元前 1600—前1200 年古代东地中海世界的联盟和联姻》，《东北师大学报》（哲学社会科学版）2009 年第 6 期；袁指挥《海上民族大迁徙与地中海文明的重建》，《世界民族》2009 年第 3 期；郭丹彤《论公元前 1600 年至前 1100 年东地中海世界的战争》，《历史教学》2011 年第 4 期；郭丹彤《埃及与地中海世界的交往》，社会科学文献出版社 2011 年版；孙宝国《阿玛纳时代的东地中海世界政治生态》，《上海师范大学学报》（哲学社会科学版）2017 年第 4 期。

形文字文化圈。① 乌鲁克文化期之后，两河流域进入文明社会，称为早王朝时期或苏美尔城邦时期，这个时期关于贸易的文献资料比较零散。阿卡德王国的建立标志着两河流域结束城邦分裂，进入到统一王国时期。福斯特通过对阿卡德王国商业及商人文献资料的整理研究，指出两河流域最早关于国家控制商业贸易的尝试，以及国家统治阶层积极参与贸易，鼓励对外贸易，这是两河流域贸易发展的第一个黄金时期。②至于对乌尔第三王朝贸易商路的研究，学者们主要依据大量楔形文字经济文献，主要出土于两河流域南部的乌玛、吉尔苏、普兹瑞什达干（今德莱海姆）、乌尔和尼普尔等地，记载了狄勒蒙、马干和麦鲁哈等地名信息及其与乌尔王朝的贸易联系，商人这一社会群体的性质以及乌尔王朝商业贸易的基本特征。③李曼斯专注于古巴比伦时期两河流域对外贸易的研究，详细分析了乌尔、拉尔萨、西帕尔和巴比伦等地的文献资料，从自然条件、商品种类、进出口关系、白银货币作用、贸易特征与规模、贸易局限性等方面系统研究了古巴比伦贸易，还就存在的地名问题（如麦鲁哈、拉尔萨至埃什努那和苏萨商路、雅穆特巴尔、德尔和苏萨）进行了考证与分析。④

---

① G. Algaze, *The Uruk World System：The Dynamics of Expansion of Early Mesopotamian Civilization*, Chicago and London：The University of Chicago Press, 1993.

② B. R. Foster, "Commercial Activity in Sargonic Mesopotamia", *Iraq*, 39/1 (1977), pp. 31–43.

③ H. Neumann, "Handel und Händler in der Zeit der III. Dynastie von Ur", *Altorientalische Forschungen*, 6 (1979), pp. 15–68.

④ W. F. Leemans, *Foreign Trade in the Old Babylonian Period：As Revealed by Texts from Southern Mesopotamia*, Leiden：Brill, 1960；W. F. Leemans, "The Trade Relations of Babylonia and the Question of Relations with Egypt in the OB Period", *Journal of the Economic and Social History of the Orient*, 3 (1960), pp. 21–37.

　　古亚述贸易作为一个独立的单元，主要是从事古亚述史研究的学者们从微观来探讨这一贸易方式，这些为古亚述贸易及古亚述学研究做出突出贡献的学者包括拉尔森、温霍夫、戴尔克森、大口弘道、拉森等。丹麦哥本哈根大学作为国际研究古亚述学的重镇，其主持的"古亚述文献项目"（The Old Assyrian Text Project，OATP）是国际上研究古亚述贸易的学术前沿。1967 年，拉尔森搜集了古亚述贸易中的商旅文献（caravan documents），对其系统整理与研究，开启了古亚述贸易研究的大门。① 其后，他又探索了古亚述贸易中的商队协作关系以及商队运送程序。② 1972 年，温霍夫从术语学入手，系统研究了古亚述贸易中的驴驮商队文献及术语、托运商品类型、纺织品和羊毛术语、机构组织、走私行为以及财政术语等，对于古亚述贸易文献进行了微观研究。③ 1997 年，他讨论了古亚述贸易中的"现代"特征，即在古亚述以前出现过的贸易特征，还分析了借贷活动及借贷合同与立法行为。④ 2008 年，温霍夫的《两河流域：古亚述时期》一书是多年来古亚述研究的集大成之作，书中不仅更加详细地分析了古亚述贸易的研究历史、商品种类、贸易参与者、贸易路线、组织机构等知识，而且还从宏观上把握古亚

---

① M. T. Larsen, *Old Assyrian Caravan Procedures*, Leiden: Nederlands Instituut voor het Nabije Oosten, 1967.

② M. T. Larsen, "Partnerships in the Old Assyrian Trade", *Iraq*, 39/1 (1977), pp. 119 – 145.

③ K. R. Veenhof, *Aspects of Old Assyrian Trade and Its Terminology*, Leiden: Brill, 1972.

④ K. R. Veenhof, "'Modern' Features in Old Assyrian Trade", *Journal of the Economic and Social History of the Orient*, 40/4 (1997), pp. 336 – 366.

述贸易的总体特征及其历史意义。① 斯特拉特福德也从宏观上研究了古亚述贸易。② 此后，他还以亚述古都阿舒尔城作为研究中心，通过对阿舒尔出土文献的整理，进一步探索古亚述贸易的商贸网。③ 另外，戴尔克森把研究视角转到古亚述时期两河流域北部亚述地区和安纳托利亚半岛之间的贸易活动，对古亚述的铜贸易进行了专题研究。④ 大口弘道对古亚述贸易商路进行了梳理与研究。⑤ 拉森专门研究了古亚述的羊毛贸易。⑥ 学者们分时间段来研究古代两河流域贸易及商路，既具有微观研究与宏观研究相结合的特点，又能发挥各自学术特长深刻把握研究重点，对我们重新梳理两河流域贸易和商路具有启发意义。

国内外学者关于古代两河流域贸易及商路的研究成果是本书进一步研究的前提和基础，本书既从横向上研究点、线、面立体商路网，又从纵向上研究早期两河流域商路的历史发展进程。

---

① K. R. Veenhof, J. Eidem, *Mesopotamia. The Old Assyrian Period*, OBO 160/5, Fribourg/Göttingen: Academic Press Fribourg/Vandenhoeck & Ruprecht Göttingen, 2008.

② E. Stratford, *A Year of Vengeance*, Vol. 1: *Time, Narrative, and the Old Assyrian Trade*, Studies in Ancient Near Eastern Records 17/1, Boston/Berlin: Walter de Gruyter, 2017.

③ K. R. Veenhof, "The City, its Traders, and its Commercial Network", *Journal of the Economic and Social History of the Orient*, 53/1 – 2 (2010), pp. 39 – 82.

④ J. G. Dercksen, *The Old Assyrian Copper Trade in Anatolia*, Leiden: Nederlands Instituut voor het Nabije Oosten, 1996.

⑤ H. Oguchi, "Trade Routes in the Old Assyrian Period", *Al-Rāfidān*, 20 (1999), pp. 85 – 106.

⑥ A. W. Lassen, "The Trade in Wool in Old Assyrian Anatolia", *Jaarbericht Ex Oriente Lux*, 42 (2010), pp. 159 – 179.

三　基本思路

本书在整理和翻译早期两河流域与商路相关的楔形文字文献以及分析古代近东考古发掘成果基础上，从宏观角度梳理研究早期两河流域商路的历史发展进程与特征，力图探寻早期两河流域贸易发展的历史规律，从中得出商路和贸易影响下的古代两河流域社会经济史与国际关系史的发展轨迹。

在内容和框架方面，本书分为五章以及一个结论：

第一章"早期两河流域概况"介绍古代两河流域早期的地理和历史概况。首先概述了公元前3千纪的两河流域地理和历史，包括古苏美尔时期（又称早王朝时期或者苏美尔城邦时期）、阿卡德王国和新苏美尔时期（包括拉格什第二王朝、乌尔第三王朝），其次概述了公元前2千纪的两河流域地理和历史，包括古亚述—古巴比伦时期和中亚述—中巴伦时期。

第二章"东路——伊朗高原商路"讲述两河流域到达阿富汗地区的两条商路，一条是两河流域经伊朗高原到达阿富汗的陆路，另一条是两河流域经波斯湾—印度洋到印度河流域、再到阿富汗的海路，其中伊朗高原作为两河流域东线商路贸易的重要站点。接着列举了青金石商路和青铜（锡）这两条代表性商路，通过对其进行个案研究来反映两河流域东线贸易的特征。

第三章"南路——波斯湾商路"讲述了古代两河流域楔形文字文献中列出的三个有机组合地名：狄勒蒙、马干和麦鲁哈，它们分别对应于现代的巴林、阿曼和印度河流域（今印度西北部及巴基斯坦），分析了波斯湾贸易的兴起与衰落过程，以及两河流域与印度河流域地区贸易的历史进程。

第四章"西路——地中海东岸商路"讲述两河流域西部包括叙利亚—巴勒斯坦、塞浦路斯、埃及以及爱琴海的希腊世界，其主要商路包括两河流域同叙利亚—巴勒斯坦地区的贸易，以及叙利亚—巴勒斯坦同塞浦路斯、埃及、希腊诸岛的贸易。

第五章"北路——安纳托利亚商路"讲述两河流域地区与安纳托利亚高原的商路，主要包括两大部分：史前的黑曜石商路（约公元前7—前4千纪）和古亚述商路（约公元前2000—前1600年）。

结论部分总结早期两河流域商路路线及贸易特征，从宏观角度对早期两河流域商路的历史意义和规律进行了初探。

第一章 早期两河流域概况

古代两河流域文明作为世界上最古老的文明之一，在世界文明史发展过程中发挥着重要的作用。作为一个"失落的文明"，两河流域文明走过了辉煌的近三千年历程（约公元前3200—前539年），直到近代欧洲探险家的偶然游历，才得以重见天日，继续讲述着它辉煌灿烂的过去。

第一节 公元前三千纪概况

古代两河流域是世界上最早进入农耕社会的地区。公元前7千纪，伴随着小麦、大麦等农作物的种植，中东地区的新石器革命开始，直到公元前3千纪文明前夕，即为中东的史前时代。大约公元前3200年，两河流域南部的苏美尔地区诞生了人类历史上最早的文明——苏美尔文明，公元前3千纪的两河流域历史大致可分为古苏美尔时期、阿卡德王国和新苏美尔时期三个阶段。

一　古苏美尔时期

古苏美尔时期[①]（约公元前 2900—前 2350 年），又称早王朝时期，[②] 上承捷姆迭特那色时期，下启阿卡德王国，是两河流域南部城邦争霸的分裂阶段。

根据《苏美尔王表》记录，[③] 早王朝时期由若干相继王朝组成，但是现代学者研究证明其中许多王朝并不是前后相继的关系，而是同时并存的关系。早王朝时期的主要城邦包括：两河流域南部的乌鲁克、乌尔、乌玛、阿达卜、拉格什/吉尔苏；两河流域北部的基什、阿克沙克（Akshak）；叙利亚的马里、埃勃拉；伊朗高原的阿万、哈马兹等城邦。主要历史事件有：大约公元前 2600 年，基什第一王朝国王恩美巴拉格西（En-me-barage-si）和其子阿加（Agga）时期基什是霸主，"基什王"成为"天下霸主"的代名词。在阿加统治时期，他和乌鲁克第一王朝的国王吉尔伽美什（Gil-

---

① 古苏美尔时期，是相对于新苏美尔时期而言的。以阿卡德帝国为界，之前的称为古苏美尔时期，其主要特点是诸多城邦并立、争霸的过程；之后的称为新苏美尔时期，其历史特点是大一统的帝国统治，即乌尔第三王朝（或乌尔帝国），广义上的新苏美尔时期还包括拉格什第二王朝（或古地亚王朝）和乌鲁克第五王朝。

② "早王朝"是一个考古文化分期概念，这一概念最初是在 20 世纪 30 年代由德国考古学家法兰克福（Henri Frankfort）提出，主要适应于两河流域南部地区。在年代学上，早王朝时期又可以划分为早王朝Ⅰ期（ED Ⅰ，公元前 2900—前 2700 年）、早王朝Ⅱ期（ED Ⅱ，公元前 2700—前 2600 年）、早王朝Ⅲ期（ED Ⅲ，公元前 2600—前 2350 年），而早王朝Ⅲ期还可以细分为早王朝Ⅲa 期（ED Ⅲa，公元前 2600—前 2500 年）和早王朝Ⅲb 期（ED Ⅲb，公元前 2500—前 2350 年）。

③ T. Jacobsen, *The Sumerian King List*, Assyriological Studies 11, Chicago: The University of Chicago Press, 1939.

图 2　苏美尔王表，现藏英国阿什莫尔博物馆

gamesh）发生争霸战争，最终吉尔伽美什战胜阿加，霸权从基什转到乌鲁克，这一历史事件被记录在了苏美尔—阿卡德文学作品《吉尔伽美什史诗》（Epic of Gilgamesh）系列中。吉尔伽美什去世后，霸权由乌鲁克转到乌尔，乌尔第一王朝的许多精美文物在乌尔王墓出土。早王朝Ⅰ期和Ⅱ期由于文献资料匮乏，相关历史事件也不是特别清楚。但是到了早王朝Ⅲ时期，尤其是早王朝Ⅲb时期，即早王朝晚期，由于出土了大量泥板资料，尤其是拉格什遗址出土的王室铭文和经济文献资料，为我们还原这段历史提供了基本的保证。早王朝晚期最著名的两个城邦争霸发生在拉格什城邦和乌玛城邦之间，令人匪夷所思的是，拉格什第一王朝（以及新苏美尔时期的拉格什第二王朝）并没有被记录在《苏美尔王表》中。拉格什和乌玛为争夺水源和领土的战争，从拉格什王乌尔南塞开始，至埃安那吞统治时期，拉格什占据上风。但是到了乌鲁卡基那统治时期，拉格什国内矛盾重重，虽然乌鲁卡基那进行了著名的改革，但是最终没有摆脱灭亡的命运，拉格什最终被乌玛统治者卢伽尔扎格西征服，后者完成初步统一两河流域的伟业。但是好景不长，来自北方阿卡德邦的威胁已悄然来临，阿卡德国王萨尔贡在与卢伽尔扎格西的争霸中取得了最终的胜利，一举统一了两河流域南北地区，建立了塞姆人的阿卡德王国，结束了古苏美尔时期（见图3）。

图 3　两河流域早王朝时期

资料来源：引自 M. Liverani, *The Ancient Near East*: *History*, *Society and Economy*, London and New York: Routledge, 2014, p. 94.

二　阿卡德王国

阿卡德王国（公元前 2334—前 2154 年）是古代两河流域文明第一个统一王朝。其统治范围大致相当于今天伊拉克全境，以及叙利亚东部、土耳其南部和伊朗西部等地区（见图 4）。阿卡德王国上承古苏美尔时期，下启新苏美尔时期，是苏美尔—阿卡德文明的一部分，也是联结古苏美尔文明和新苏美尔文明的过渡期。

阿卡德王国的建立者萨尔贡是一个椰枣园园丁的儿子，后来在两河流域北方的基什城邦担任基什国王乌尔扎巴巴的"持杯者"（阿卡德语：*rabshaqe*），并且废黜基什王自立为王，定都阿卡德城，史称为阿卡德王国。萨尔贡即位之时，正是两河流域南方乌玛城邦的恩西卢伽尔扎格西统一两河流域南部，建立霸权的时期。历史何曾相似，当五百多年之后的两河南方拉尔萨王瑞姆辛建立霸权时，北方的汉谟拉比也刚刚继承王位。萨尔贡在与卢伽尔扎格西的战争中取得了胜利，并将后者俘虏至尼普尔神庙，向天下宣告了自己的霸业。在征服两河南方的乌玛、乌尔和拉格什之后，萨尔贡又顺势攻下两河流域西北方的马里、埃勃拉和图图勒等城邦，东征伊朗地区，连克埃兰、阿万等国，建立了两河流域历史上第一个大帝国。但在他去世后，他的两个儿子瑞穆什和玛尼什吐苏统治时期，两河流域南方城邦相继独立，直到玛尼什吐苏之子纳拉姆辛统治时期，才逐渐平定叛乱，并在两河流域历史上首次自称为神，开创了"国王神化"的惯例（直至伊新王朝后终止），并使帝国达到了前所未有的版图。纳拉姆辛去世后，阿卡德王国国力逐渐衰微，再加之土地盐碱化等自然灾害和国内不断涌起的反叛风潮，终于在公元前2154年被伊朗扎格罗斯山脉的游牧民族库提人所灭。

由于目前阿卡德王国的都城阿卡德城的具体位置还存在争议，更没有阿卡德城的考古发掘，因此缺少有关阿卡德王国政治、经济和外交等方面的直接证据。如果将来阿卡德城被发现并发掘，相信会有意想不到的对于阿卡德王国历史和文化的重写。就目前而言，我们仅有的关于阿卡德王国的文

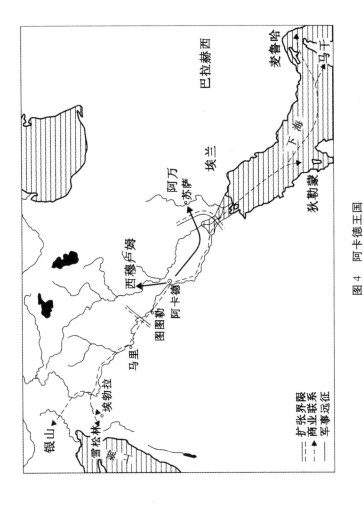

图 4 阿卡德王国

资料来源：引自 M. Liverani, *The Ancient Near East: History, Society and Economy*, London and New York: Routledge, 2014, p. 134.

献资料主要是来自于同时代其他遗址（如尼普尔、乌尔凯什等）的考古发掘的泥板文献，以及后期（古巴比伦、亚述时期）的文献资料。

三　新苏美尔时期

新苏美尔时期（Neo-Sumerian Period）是相当于古苏美尔时期（或早王朝时期）而言的，指的是阿卡德王国灭亡之后直到古巴比伦王国之前的这一段时期，是苏美尔文明最后也是最辉煌的时期。在时间上大致包括库提人统治、拉格什第二王朝、乌鲁克第五王朝和乌尔第三王朝等，其中乌尔第三王朝是这一时期最主要的一个阶段，又被称为新苏美尔帝国（Neo-Sumerian Empire）。

阿卡德王国灭亡之后，关于库提人在两河流域统治的历史不是很清楚，因为他们没有留下多少文献资料，很可能他们的统治范围只局限于两河流域的北部，而且其统治可能是比较松散的，并没有建立中央集权的稳固统治基础。[①] 在库提人统治两河流域期间，两河流域的南部有不少独立的城邦，首领被称为"恩西"（ensi$_2$，可以意译为"公侯"或"总督"），似乎又恢复到了早王朝时期的苏美尔城邦并存的状况，在这些城邦中，以拉格什城邦最为著名。由于在早王朝时期拉格什城邦已经存在，被称为拉格什第一王朝，所以在库提人统治时期的拉格什城邦被称为拉格什第二王朝，由于

---

① 有关库提人的统治，参见 D. Frayne, *Sargonic and Gutian Periods* (*2334 - 2113 B. C.*), The Royal Inscriptions of Mesopotamia Early Periods, Vol. 2（RIME 2）, Toronto: University of Toronto Press, 1993。

其中最著名的统治者是古地亚，故又称为古地亚王朝。古地亚是拉格什第二王朝的第 7 位"恩西"，不仅是拉格什第二王朝所有恩西中最出名的，而且也是整个古代两河流域历史上最著名的君主之一。他自称是拉格什母神加图姆杜所生的儿子。他在位期间很少发动对外战争（只有对安山和埃兰），把大部分时间用于大兴土木，修建神庙（他至少为 21 位神灵修建了神庙）以及为自己建造了数十座闪长岩雕像。① 他留下了丰富的楔形文字铭文文献，使得他成为古代两河流域留下文献资料最多的君主之一，比如古代两河流域最长的记述铭文、著名的《古地亚滚筒铭文 A 和 B》（Gudea Cylinder A & B），记录的是古地亚为拉格什的保护神宁吉尔苏神修建"埃宁努"神庙。② 在古地亚去世之后，他被尊奉为神，即在他的名字前面加上了神（diĝir）的标志，尤其到了乌尔第三王朝时期，古地亚和其他神一样，接受人们的祭祀和奉献。拉格什第二王朝的第 12 位、即最后一位恩西是纳姆哈尼（Namhani），有关他的身份，目前还不是很清楚，一说他是卢基利扎勒（Lugirizal）之子，③ 一说他可能是来自于乌玛。④

---

① 关于古地亚统治纪年的讨论，参见 F. Carroué, "La Situation Chronologique de Lagaš II – Un Elément du Dossier", *Acta Sumerologica*, 16（1994），pp. 47 – 75；F. Carroué, "La Chronologie Interne du Règne de Gudea, Partie I", *Acta Sumerologica*, 19（1997），pp. 19 – 52。

② 参见 W. H. Ph. Römer, *Die Zylinderinschriften von Gudea*, Alter Orient und Altes Testament 376, Münster: Ugarit-Verlag, 2010；刘健：《苏美尔神庙建筑仪式探析——以古地亚滚筒铭文 A 和 B 为例》，《古代文明》2014 年第 4 期。

③ A. Falkenstein, *Die Inschriften Gudeas von Lagaš, I Einleitung*, Analecta Orientalia 30, Roma: Pontificium Institutum Biblicum, 1966, pp. 1 – 6.

④ S. F. Monaco, "Two notes on ASJ 10, 1988：1 Nam-mah-ni/Nam-ha-ni ensi lagaš^{ki}", *Acta Sumerologica*, 12（1990），pp. 97 – 98.

纳姆哈尼大概是与乌尔第三王朝的建立者乌尔那穆（Ur-Nammu）同时期的人，据著名的《乌尔那穆法典》（*Code of Ur-Nammu*）记载，最后乌尔那穆打败了纳姆哈尼，拉格什城邦也成为乌尔第三王朝的一个行省。

在库提人灭亡了阿卡德王国之后，由于没有留下多少资料证据，他们对两河流域进行的统治情况不是特别清楚。但是很可能，库提人对两河流域的统治主要维持在两河流域北部地区，而南部地区的许多苏美尔城邦趁机独立，恢复到了早王朝时期的城邦分立状态。同时，库提人对两河流域的统治也激起了两河流域人们的激烈反抗，其中以乌鲁克的乌图赫伽尔（Utu-hegal）为首的起义军最终击败了库提王国，打败库提末王提里干（Tirigan），把库提人赶出了两河流域为结局。乌图赫伽尔以乌鲁克为都，建立了乌鲁克第五王朝（因乌鲁克城第五次作为王朝首都，故名）。他任命乌尔那穆（可能是乌图赫伽尔的兄弟）为乌尔城的总督。但是乌图赫伽尔的统治只有短短七年，王位就被乌尔那穆取得，乌尔那穆将首都从乌鲁克迁到乌尔（今伊拉克穆凯吉尔 Tell el-Muqejjir 遗址），建立了乌尔第三王朝。根据《苏美尔王表》的记载，[①] 这是乌尔城第三次作为首都，所以被称为乌尔第三王朝，其中的乌尔第一王朝和乌尔第二王朝都是处于早王朝时期的城邦政治，而乌尔第三王朝属于中央集权制国家。

乌尔第三王朝一共历时 109 年（公元前 2112—前 2004

---

① T. Jacobsen, *The Sumerian King List*, Assyriological Studies 11, Chicago: The University of Chicago Press, 1939.

年），共历五位国王（lugal），根据《苏美尔王表》记载，这五位国王之间的关系是，前一任和后一任国王之间是父子关系。① 这五位国王分别是：乌尔那穆（公元前 2112—前 2095 年在位，共 18 年）、舒尔吉（Shulgi，公元前 2094—前 2047 年在位，共 48 年）、阿马尔辛（Amar-Suen，公元前 2046—前 2038 年在位，共 9 年）、舒辛（Shu-Suen，公元前 2037—前 2029 年在位，共 9 年）和伊比辛（Ibbi-Suen，公元前 2028—前 2004 年在位，共 25 年）。乌尔第三王朝的起源问题迄今尚未彻底解决，王朝的建立者乌尔那穆很可能起源于一个叫作埃舒（eš：šu^{ki}）或阿舒（aš-šu^{ki}）的地区，这个地区可能位于乌尔附近。② 乌尔那穆的母亲据说是达米克图姆（Damiqtum）。③ 在第一王乌尔那穆和第二王舒尔吉统治前期，他们的主要任务是征服其他苏美尔城邦（包括拉格什）和两河流域北部地区，完成两河流域的统一，同时乌尔那穆还修建了许多水渠，制定了迄今已知世界上最早的法典《乌尔那穆法典》（比著名的《汉谟拉比法典》还要早三四

---

① 对这 5 位国王父子关系的争议，参见 P. Michalowski, "Of Bears and Men：Thoughts on the End of Šulgi's Reign and on the Ensuing Succession", in D. S. Vanderhooft and A. Winitzer eds., *Literature as Politics*, *Politics as Literature*：*Essays on the Ancient Near East in Honor of Peter Machinist*, Winona Lake：Eisenbrauns, 2013, pp. 285 – 320。在该文中，作者认为乌尔那穆与瓦塔尔图姆生了舒尔吉，舒尔吉与舒尔吉西姆生了舒辛，舒尔吉与阿比西姆提生了伊比辛，而乌尔第三王朝第三位国王阿马尔辛则是乌尔那穆与瓦塔尔图姆所生的另一个儿子（名字不详）与塔兰乌兰（Taram-Uram，她是阿皮尔金与一不知名女子所生）所生。

② D. Frayne, *Ur III Period*（*2112 – 2004 B. C.*）, The Royal Inscriptions of Mesopotamia Early Periods Vol. 3/2（RIME 3/2）, Toronto：University of Toronto Press, 1997, p. 9.

③ J. Boese, W. Sallaberger, "Apil-kīn von Mari und die Könige der III. Dynastie von Ur", *Altorientalische Forschungen*, 23（1996）, pp. 24 – 39.

百年)。在舒尔吉统治后期，他吞并了邻近许多地区，通过政治联盟与军事征服相结合的手段将王国的领土不断扩张。同时，他还在国内推行一系列改革，比如统一度量衡、统一历法、建立全国再分配中心（普兹瑞什达干）等。到第三王阿马尔辛和第四王舒辛统治时期，乌尔第三王朝达到了历史上的极盛时期，表现为较少的对外战争以及大量的国内建设与经济发展，数以万计的经济泥板和行政泥板文献出自于这一时期。可是，到了舒辛统治后期，随着西方阿摩利人的大量涌入，逐渐对乌尔王朝的统治产生了威胁，使得舒辛不得不在其统治的第四年建造了"阿摩利长城"（bad$_3$ mar-tu mu-ri-iq-ti-id-ni-im）以防止阿摩利人的入侵，此外还有东方的埃兰人一直就是乌尔第三王朝最大的敌对势力，以至于在最后一位国王伊比辛统治前期，埃兰人的入侵与王朝内若干地方行省的独立（埃什努那、伊新、拉尔萨）最终导致了乌尔第三王朝的灭亡（见图5）。

乌尔第三王朝是高度的中央集权制国家，国王拥有最高权力主导一切，国王之下设立两名最高权力长官，分别负责宗教事务与世俗（行政）事务，负责宗教事务的最高长官称为"扎巴尔达卜"（zabar-dab$_5$），负责世俗事务的最高长官称为"大苏卡尔"（sukkal-mah，或意译为首相）。乌尔第三王朝的领土东抵伊朗高原的西部及扎格罗斯山脉，西达幼发拉底河中游，北临底格里斯河上游的亚述地区，南至波斯湾，全区一共可以分为三部分：核心区、外围区和附属国，其中核心区或核心行省向中央缴纳巴拉税（ba-la），外围区或边远行省向中央缴纳古恩税（gun$_2$，或古恩

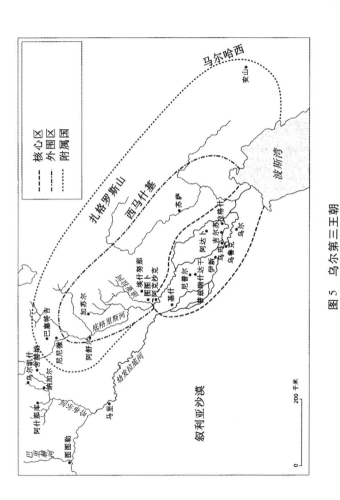

图 5　乌尔第三王朝

资料来源：引自 M. Van De Mieroop, *A History of the Ancient Near East ca. 3000 – 323 B. C.*, Second Edition, Oxford: Blackwell, 2007, p. 75.

马达 gun₂ ma-da）。① 乌尔第三王朝也是存在泥板文献最丰富的时期之一，大约有数十万块楔形文字经济泥板。这些泥板主要是从三个遗址出土：吉尔苏、乌玛和普兹瑞什达干，是我们研究乌尔第三王朝乃至整个古代两河流域的社会经济史的宝贵的第一手资料。

第二节　公元前二千纪概况

在公元前 2 千纪，古代两河流域历史包括古亚述—古巴比伦和中亚述—中巴比伦两个时期。北部的亚述和南部的巴比伦各自发展，互有联系，最后被亚述帝国完成南北统一。

古亚述时期（Old Assyrian Period，大约公元前 20 世纪至前 14 世纪）通常指自乌尔第三王朝灭亡，普朱尔阿舒尔一世（Puzur-Ashur Ⅰ）建立的古亚述（阿舒尔）城邦在安纳托利亚进行殖民贸易，经沙姆西阿达德一世的“上美索不达米亚王国”，到古亚述最后一位国王阿舒尔那丁阿赫二世（Ashur-nadin-ahhe Ⅱ）统治结束为止的历史时期，其统治区域大多是在两河流域北部的亚述地区；古巴比伦时期（Old Babylonian Period，公元前 2003—前 1595 年）通常指自乌尔第三王朝灭亡，经伊新—拉尔萨王朝，到巴比伦第一王朝

---

① P. Steinkeller, "The Administrative and Economic Organization of the Ur III State: The Core and the Periphery", in McG. Gibson and R. Biggs eds., *The Organization of Power Aspects of Bureaucracy in the Ancient Near East*, Chicago: The Oriental Institute of the University of Chicago, 1987, pp. 19 – 41; T. Sharlach, *Provincial Taxation and the Ur III State*, Cuneiform Monographs 26, Leiden: Brill, 2004; T. Maeda, "The Defense Zone during the Rule of the Ur III Dynasty", *Acta Sumerologica*, 14 (1992), pp. 135 – 172.

（或称古巴比伦王国）结束的历史时期，其统治区域大多是在两河流域南部的巴比伦尼亚地区。由于古亚述时期和古巴比伦时期在年代时间上大致相同，所以又可以合称为古亚述—古巴比伦时期，在时间上大致自公元前 20 世纪到公元前 15 世纪，一共经历了五个世纪左右，由于主要的统治者是阿摩利人，所以这一时期又被称为阿摩利文明或阿摩利化。古亚述—古巴比伦时期前承古老的苏美尔—阿卡德文明，下启中东国家化最为活跃的中亚述—中巴比伦时期，是古代两河流域自城邦体制到帝国体制演变的重要过渡时期。

古亚述—古巴比伦时期是古代中东历史上第一次列国并立、争霸战争与思想文化碰撞交流的时期。这一时期两河流域地区由统一转向分裂，在中东地区，包括北非的埃及、小亚的赫梯、东地中海沿岸的叙利亚巴勒斯坦地区以及伊朗高原等，都处于一个密切接触交流的时代，人员多方向流动、长途贸易活跃繁荣、多种文明文化交流碰撞，使得这个时期凸显出十分独特的时代烙印。与之前早王朝时期的城邦分立不同，古亚述—古巴比伦时期的列国分立的范围从两河流域扩展到整个中东地区，从早王朝时期的相对封闭的小规模争霸冲突，演变成整个中东地区的国际外交冲突与争霸战争。

公元前 2004 年，埃兰人灭亡乌尔第三王朝后并没有在两河流域停留，原先乌尔第三王朝伊新行省的总督伊什比埃拉（Ishbi-Erra，公元前 2017—前 1985 年在位）攫取了两河流域南部的统治权，自称"苏美尔与阿卡德之王"，建立了伊新王朝（史称伊新第一王朝，公元前 2017—前 1794 年），自诩为乌尔第三王朝和苏美尔文明的继承者。伊新王朝在第五王里皮特伊什塔尔（Lipit-Ishtar，公元前 1934—前 1924 年在位）统治时期达到顶峰，他编制了著名的《里皮特伊什塔尔法典》（Code of Lipit-Ishtar），成为后来《汉谟拉比法典》的雏形，但是在此之后伊新受到了更南方的拉尔萨城邦的威胁，伊新和拉尔萨之后连续进行了若干年战争，最终于公元前1794年伊新末王达米可伊利舒（Damiq-ilishu）被拉尔萨国王瑞姆辛（Rim-Sin，公元前1822—前1763年在位）打败，伊新被拉尔萨灭亡，两河流域南部归拉尔萨所有。公元前1763年，拉尔萨被巴比伦的汉谟拉比灭亡。伊新王朝和拉尔萨王朝合称为伊新—拉尔萨王朝，又称为古巴比伦早期或前期（Early Old Babylonian period），以区别于汉谟拉比统一两河流域之后的古巴比伦王国。除了伊新和拉尔萨外，这一时期两河流域南部还存在其他城邦，比如辛卡施德（Sin-kashid，公元前1885—前1802年在位）建立的乌鲁克第六王朝（公元前1885—前1802年）。在两河流域中部地区，公元前1894年，阿摩利人苏穆阿布穆（Shumu-abum，公元前1894—前1881年在位）建立了古巴比伦王国，一开始只是局限于巴比伦城周围的一个不起眼的小城邦，后来在汉谟拉比统治时期，陆续消灭其他邦国，完成了两河流域的自乌尔第三王朝之后的又一次统一，公元前1595年，古巴比伦王国被安纳托利亚的赫梯帝国所灭。在迪亚拉河流域，存在有重要城邦埃什努那，它一开始是乌尔第三王朝的一个行省，后来短暂隶属于伊朗的埃兰人统治，赶走埃兰人后开始走向强大，到国王达杜沙（Dadusha）、伊巴勒皮埃勒二世（Ibal-pi-El Ⅱ）统治时期，埃什努那成为两河流域中部的强邦，一度对两河流域霸权虎视眈眈，到末王茨里辛（Silli-Sin）时期，埃什努那成了巴比伦的主要敌人之一，最终于公元前

1762 年被巴比伦的汉谟拉比所灭。此外，这一时期位于中东地区的强国还有伊朗西部的埃兰和苏萨，两河流域北部的亚述，叙利亚地区的马里①与延哈德等。除了以上这些大国大邦之外，在这一时期的中东还存在数百个小城邦，它们要么位于边远地带，远离强邦的威胁，要么依附于一个或数个强邦，过着寄人篱下的日子，最终也免不了成为强邦的嘴边肉，这些小城邦有图如库、喀特那、腊皮库、曼基苏、舒沙拉和哈那等。

乌尔第三王朝最后一位国王伊比辛统治的第八年，伊新行省总督伊什比埃拉脱离乌尔王朝统治独立，定都伊新城（今伊拉克卡迪西亚省伊山艾尔巴利亚特 Ishan al-Bahriyat 遗址），建立了伊新王朝（史称伊新第一王朝）。

伊新王朝统治者以乌尔第三王朝与苏美尔文明的继承者自居，苏美尔语为官方语言，著名的《苏美尔王表》很可能是写于伊新王朝时期，此外在尼普尔发掘出土了大量的苏美尔文学作品也是在伊新时期创作或复制抄写的，这为保留和传承苏美尔文明做出了巨大的贡献。公元前 1794 年，伊新王朝被拉尔萨王朝所灭。

公元前 1894 年，阿摩利人苏穆阿布穆建立了巴比伦第一王朝，又称为古巴比伦王国（公元前 1894—前 1595 年，见图 6），他在两河流域中部建造了一座新城，取名为"神之门"（苏美尔语：KA$_2$. DIĜIR，阿卡德语：Babilim，阿拉

---

① D. Bodi, *The Michal Affair from Zimri-lim to the Rabbis*, Hebrew Bible Monographs 3, Sheffield: Sheffield Phoenix Press, 2005, p. 83, 91, 104; B. F. Batto, *Studies on Women at Mari*, Baltimore and London: The Johns Hopkins University Press, 1974, pp. 52 – 53.

米语：Babel "巴别尔"），就是著名的巴比伦城（Babylon，名称来源于古希腊语 Βαβυλών），作为王国的首都。

当时的巴比伦只是两河流域的一个不起眼的小城邦，无法与伊新、拉尔萨、亚述、埃兰等相抗衡。在前五位统治者的励精图治的基础上，到第六位国王汉谟拉比在位时期，采取"远交近攻"的策略，赶走了埃兰人，先后灭亡了拉尔萨、埃什努那、亚述、马里等两河流域大国，完成了两河流域的再度统一，建立了强大的古巴比伦帝国，在他统治的晚年，编制了举世闻名的《汉谟拉比法典》（见图7），是迄今保存最完整的早期法典之一，汉谟拉比的文治武功及惊世伟业使他成为古代世界最著名的君王之一。[①] 在汉谟拉比之后，古巴比伦国力逐渐衰微，最终于公元前 1595 年被安纳托利亚的赫梯帝国所灭亡，两河流域进入到加喜特人统治时期，即中巴比伦时期。

亚述（Assyria）这个名称源于阿舒尔城（Ashur，今伊拉克萨拉丁省的喀拉特舍尔喀特 Qalat Sherqat 遗址），位于底格里斯河中游西岸地区，它是两河流域北部和东北部游牧民族南下的必经之路，也是两河流域同安纳托利亚之间贸易的起点，其地理战略位置非常重要。[②] 早期的亚述在发展程度上远远落后于两河流域南部的巴比伦，先后臣服于阿卡德王

---

① 关于汉谟拉比的事迹与传记，参见 M. van de Mieroop, *King Hammurabi of Babylon*：*A Biography*, Oxford：Blackwell Publishing, 2005；J. Levin, *Hammurabi*, New York：Chelsea House, 2009；D. Charpin, *Hammurabi of Babylon*, London and New York：I. B. Tauris, 2012。

② 关于亚述历史概况，亦可参见国洪更《亚述赋役制度考略》，中国社会科学出版社 2015 年版，第一章 亚述概况。

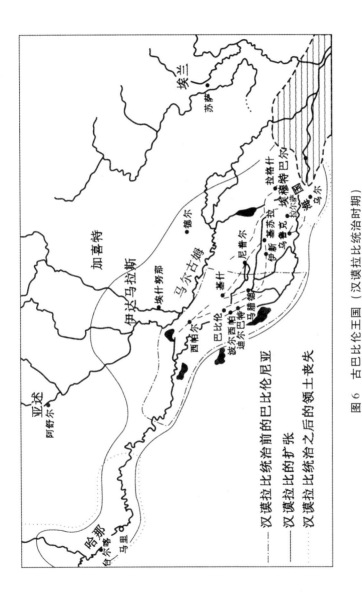

图 6 古巴比伦王国（汉谟拉比统治时期）

资料来源：引自 M. Liverani, *The Ancient Near East: History, Society and Economy*, London and New York: Routledge, 2014, p. 242.

图 7　汉谟拉比法典石碑，现藏法国卢浮宫博物馆

国和乌尔第三王朝。乌尔第三王朝灭亡后，阿舒尔城邦独立，史称古亚述时期，古亚述的居民很可能是阿卡德人，这一时期最著名的事件是安纳托利亚的殖民贸易。古亚述后期，阿摩利人首领沙姆西阿达德一世废除了古亚述末王，建立了沙姆西阿达德王朝（或称埃卡拉图王朝），又称"上美索不达米亚王国"，他灭亡了幼发拉底河流域的强国马里，任命小儿子雅斯马赫阿杜（Yasmah-Addu）到王国的西部马里统治，大儿子伊什美达干（Ishme-Dagan）到王国的东部埃卡拉图统治，自己坐镇北方首都舒巴特恩利尔，沙姆西阿达德一世时期的亚述是两河流域最强大的国家。在他去世后，亚述迅速瓦解，他的小儿子雅斯马赫阿杜软弱无能，马里被孜姆瑞里姆夺回，他的大儿子伊什美达干失去霸权，不得不臣服于埃兰、埃什努那与巴比伦，亚述重新成为一个小城邦，直到中亚述时期才再次强大。

中巴比伦时期（公元前1595—前1004年）包括加喜特王朝（公元前1595—前1155年，统称加喜特巴比伦）、伊新第二王朝（公元前1155—前1026年）、海国第二王朝（公元前1025—前1004年）。[①] 由于书写文献相对稀少，这一时期又被称为"黑暗时代"。中亚述时期（公元前1392—前911年）是指从埃里巴阿达德一世（Eriba-Adad Ⅰ）到提格拉特帕拉萨尔二世（Tiglath-Pileser Ⅱ）为止亚述的历史。

---

① N. Zimmerer, *The Chronology of Genesis*: *A Complete History of the Nefilim*, Kempton: Adventures Unlimited Press, 2003; A. K. Grayson, "Königlisten und Chroniken", *Reallexikon der Assyriologie*, 6 (1938), pp. 102 – 120; P. J. Huber, "Astronomical dating of Babylon I and Ur III", *Monographic Journals of the Near East*, 41 (1982), pp. 3 – 84; M. G. Biga, *Babilonia*, Roma: Carocci, 2004.

由于中巴比伦时期和中亚述时期在年代上相差不多，所以可以合称为中亚述—中巴比伦时期，在年代上大致对应于青铜时代晚期（公元前 2 千纪后半期）。中亚述—中巴比伦时期是古代中东地区历史上国际关系最复杂的时期之一，这一时期的中东强国除了亚述和巴比伦之外，还有米坦尼、赫梯和埃及等，这些国家之间有着千丝万缕的联系，有争霸战争，也有政治联姻。

公元前 1595 年，赫梯帝国的国王穆尔西里一世（Mursili Ⅰ）灭亡了古巴比伦王国，来自东部山区的加喜特人在两河流域南部巴比伦建立了加喜特王朝（史称加喜特巴比伦时期），从而开始了中巴比伦时期。同时期，两河流域北部政治情况比较复杂，亚述自阿舒尔乌巴里特一世（Ashur-uballt Ⅰ，公元前 1365—前 1330 年）至提格拉特帕拉萨尔一世（Tiglath-Pileser Ⅰ，公元前 1114—前 1077 年）是所谓的中亚述时期。公元前 1480 年左右，散居于两河流域北部的胡里人形成了统一的国家米坦尼（Mitanni），米坦尼在强大时曾使亚述地区的阿舒尔城邦（沙姆西阿达德一世去世后亚述实力比较弱小的时期）臣服，并且同埃及在叙利亚地区争霸。从公元前 14 世纪开始，中东地区进入到五个强国（赫梯、米坦尼、加喜特巴比伦、亚述、埃及新王国）争霸时期。此外，若干小国为了自保，开始依附于不同的大国，这造成了这一时期中东整体复杂的国际局势（见图 8）。①

---

① M. Liverani, *Prestige and Interest*. Padua：Sargon, 1990, pp. 299 – 300；M. van de Mieroop, *A History of the Ancient Near East*：*ca. 3000 – 323 B. C.*, Oxford：Blackwell Publishing, 2007, p. 132.

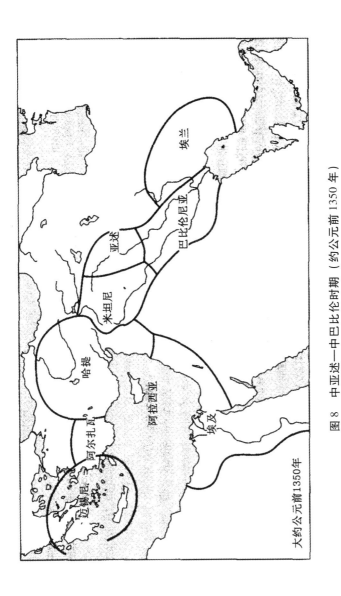

图 8　中亚述—中巴比伦时期（约公元前 1350 年）

资料来源：引自 M. Van De Mieroop, *A History of the Ancient Near East ca. 3000 – 323 B.C.*, Second Edition, Oxford: Blackwell, 2007, p. 132.

加喜特巴比伦王朝是古代两河流域历史上统治时间最长的一个王朝，一共统治了约 400 年，其领土从幼发拉底河直到扎格罗斯山脉。米坦尼王国到了国王图什拉塔统治时期，由于内乱逐渐衰微；赫梯在国王苏皮鲁流马一世的领导下，形成了一个帝国。亚述在国王阿舒尔乌巴里特一世统治时期开始崛起，大约公元前 1320 年，亚述灭亡曾经的宗主国米坦尼，亚述与赫梯正面直接交锋互有胜负。从公元前 12 世纪开始，"海上民族"开始入侵中东沿海地区，埃及在美楞普塔和拉美西斯三世统治时击退了"海上民族"，而赫梯则在公元前 12 世纪末被"海上民族"所灭亡。赫梯和米坦尼灭亡后，叙利亚地区的胡里人、赫梯人和阿拉米人（西北塞姆语部落一支）形成了若干小城邦。除此之外，这一时期在巴勒斯坦地区首次出现了新的民族以色列人。伊朗高原在埃兰人之后，又出现了米底人和波斯人的祖先。公元前 1155 年，加喜特巴比伦被埃兰人所灭，埃兰人将包括"汉谟拉比法典"石碑在内的珍贵物品作为战利品带到埃兰。继承加喜特王朝统治巴比伦的是伊新第二王朝，其国王尼布甲尼撒一世（Nebuchadnezzar Ⅰ）打败埃兰人，摧毁其首都苏萨。继伊新第二王朝之后统治巴比伦的是海国第二王朝，不过它的影响力已经十分衰微，抵不过北方的亚述。在公元前 1 千纪，亚述帝国建立，两河流域历史进入到帝国时代。

第二章 东路——伊朗高原商路

两河流域地区与伊朗高原地区的联系由来已久，两河流域缺乏矿产资源，而伊朗高原矿产资源丰富，这种"盈亏"现象自然促使了贸易的产生。两河流域进口伊朗高原的矿产资源，并且出口粮食和羊毛纺织品至伊朗高原，双方实现商品互补，这是双方最直接的贸易往来，也是最早产生的贸易方式，随着贸易的推进，贸易路线（商路）也随之开通。由于两河流域文明与文化十分发达，而伊朗高原被认为是"蛮荒"之地，两河流域以河流（大河）文明为特征，伊朗高原以山地（陆地）文明为特征。在历史上，两河流域各个王朝的统治者都将伊朗高原地区作为必须要征服与支配的地区，一是出于政治军事目的，二是出于经济贸易目的。所以，双方之间的贸易主要是将两河流域的城市作为支配、主动的一方，而将伊朗高原游牧部族作为被支配和被动的一方，这就形成了一种"单边"贸易模式。

长期以来，学术界一般认为伊朗高原在与两河流域的贸易中发挥着微乎其微的作用。不过，自 20 世纪 60 年代末、

70 年代初在伊朗东南部雅赫亚、① 伊朗东部沙里索克塔、②
波斯湾地区③以及中亚④等地的考古发掘成果陆续问世，人们
开始改变过去的看法，转而认为伊朗高原早在大约公元前
3400 年至公元前 3000 年（相当于两河流域历史上的乌鲁克
文化晚期与捷姆迭特那色时期）已经在贸易交往中与两河流
域处于平衡的地位。有证据表明，在建立和维持以城市为中
心的生活方式与定居文明方面，贸易是一个重要的因素。伊
朗高原的这些贸易点，在同两河流域进行长途贸易过程中发
挥着积极甚至主导的作用。伊朗高原除了与两河流域有直接
贸易往来，比如伊朗本地雅赫亚所产的绿泥石（滑石）出口
至两河流域，还作为东部更远地区的印度河流域、中亚至阿
富汗同两河流域进行贸易的转运站或中间媒介，比如阿富汗
所产的青金石经过伊朗高原的沙里索克塔的中转再被运到两
河流域地区。

　　伊朗高原与两河流域的贸易十分重要，不管是从考古
发掘还是文献记录，都留下了很多有关贸易路线的证据，

---

① C. C. Lamberg-Karlovsky, *Excavations at Tepe Yahya*, *Iran*, *1967 - 1969*,
American School of Prehistoric Research, Bulletin 27. Peabody Museum, Harvard Uni-
versity, 1970; C. C. Lamberg-Karlovsky, "The Proto-Elamite settlement at Tepe Ya-
hya", *Iran*, 9 (1971), pp. 87 - 96; C. C. Lamberg-Karlovsky, "An early city in I-
ran", *Scientific American*, 224/6 (1971), pp. 102 - 111; C. C. Lamberg-Karlovsky,
"Tepe Yahya 1971, Mesopotamia and the Indo-Iranian Borderlands", *Iran*, 10
(1972), pp. 89 - 100.

② M. Tosi, "Excavatios at Shahr-i-Sokhta. Preliminary report on the second
campaign, September-December 1968", *East and West*, 19/3 - 4 (1969), pp. 283 -
386.

③ G. Bibby, *Looking for Dilmun*, New York: Alfred A. Knopf, 1969.

④ V. M. Masson, V. I. Sarianidi, *Central Asia*, London: Praeger, 1972.

对其商路和贸易机制的探讨，是学者们面对的又一个重要问题。① 其中，雅赫亚是伊朗高原与两河流域贸易路线中的一个重要的据点，这些考古发掘的证据表明，大约公元前4500年至公元前3400年这段时期，是伊朗高原贸易发展的关键时期。考古学家们使用"贸易扩散"这一术语（expansion of trade）来解释不同时期贸易路线或商路变迁的要素，② 大致分为两个方面：一是原材料从原产地（A）转移到生产地或制造地（B），然后再运输到消费地或最终目的地（C）的可能路线；二是原材料在运输过程中被交易或者进行贸易的次数。所以，在探讨商路之前，我们必须要弄清楚原材料的原产地，才能顺藤摸瓜地追溯其贸易路线和相关站点。这些原材料（商品）包括雪花石膏、大理石、黑曜石、块滑石（皂石）、绿泥石、红玉髓、青金石、绿松石、黄铜、贝壳等（见图9）。

通过对雅赫亚遗址考古发掘器物（石制品、珠子、骨制—铜制品）的统计数据研究，我们可以窥探出从第一阶段（公元前4500—前3800年）到第二阶段（公元前3800—前3400年）这两个时期贸易的变化，如本地产的绿泥石的使

---

① E. C. L. During Caspers, "New Archaeological Evidence for Maritime Trade in the Persian Gulf during the Late Protoliterate Period", *East and West*, 21/1 - 2 (1971), pp. 21 - 44; C. C. Lamberg-Karlovsky, "Tepe Yahya 1971, Mesopotamia and the Indo-Iranian Borderlands", *Iran*, 10 (1972), pp. 89 - 100; C. C. Lamberg-Karlovsky, "Trade mechanisms in Indus-Mesopotamian Interrelations", *Journal of the American Oriental Society*, 92/2 (1972), pp. 222 - 229; C. C. Lamberg-Karlovsky, M. Tosi, "Tracks on the earliest history of the Iranian plateau: Shahr-i-Sokhta and Tepe Yahya", *East and West*, 23/1 - 2 (1973).

② C. Renfrew, "Trade and culture process in European prehistory", *Current Anthropology*, 10/2 - 3 (1969), p. 160.

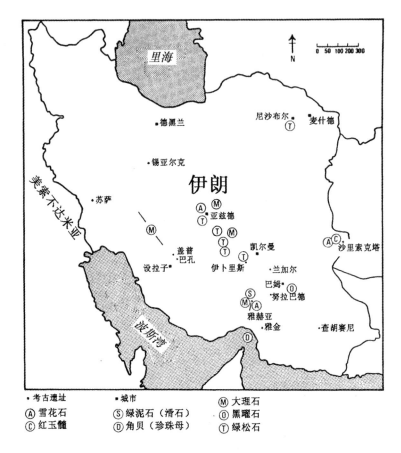

图 9　伊朗高原自然资源分布

资料来源：引自 T. W. Beale, "Early Trade in Highland Iran: A View from a Source Area", *World Archaeology*, 5/2（1973）, p. 135.

用消费逐渐减少，进口的绿松石项链珠子的使用消费逐渐增长，此外，进口的铜原料与本地的兽骨加工后被越来越多地制作成工艺品和饰品，器物数量上的增减变化反映了贸易机制和贸易方式的变化，甚至是贸易路线的变迁。从时间上看，这种变化经历了四个阶段："涓流"贸易、局部再分配贸易、地区有组织贸易以及长途有组织贸易。① （1）涓流贸易指的是农村—农村或者游牧部落—定居村落之间无组织、无计划的原始初级贸易形式，贸易商品数量很少，运输时间漫长，最主要的是单一方向的贸易，如"涓涓细流"般缓慢且不可回转。这种初级贸易形式很可能不是以盈利或个人所得为目的。② 涓流贸易的货物并不都是交易的商品，还有缴纳的贡物、村落间联姻的嫁妆与礼物等。③ （2）局部再分配贸易指货物被运输到分配中心，再从分配中心运输出来。这种贸易是"涓流"贸易的延长，区分了本地产与进口货物。④ （3）地区有组织贸易的一个重要特征是双向或多向贸易，呈网状分布进行，例如雅赫亚将绿泥石碗运至伊卜里斯（Tal-i-Iblis）以换回红玉髓，而来自伊朗东部的红玉髓通过涓流贸易被交易到伊卜里斯，以及雅赫亚用从雅金（Jagin）获得的海贝来交易伊卜里斯的绿松石。这种贸易限于运输成本，还只是局限于相对短的距离。（4）长途有组织贸易（见图10），又叫跨区域贸易，伊朗高原在这种贸易中发挥着重要的桥梁作用，比如阿富汗的青金石通过伊朗高原的沙里索克塔等地中转（或加工），再运送到两河流域及更远的目的地。长途贸易形成了多条贸易路线或商路。在所有的交易商

---

① T. W. Beale, "Early Trade in Highland Iran：A View from a Source Area", *World Archaeology*, 5/2 （1973）, pp. 133 – 148.

② M. Sahlins, *Stone Age Economics*, Chicago：Aldine-Atherton, 1972, p. 280.

③ M. Mauss, *The Gift*, London：Cohen and West, 1969.

④ K. V. Flannery, "The Olmec and the Valley of Oaxaca：a model for interregional interaction in Formative times", in E. Benson ed., *Dumbarton Oaks Conference on the Olmec*, Washington：Trustees for Harvard University, 1968, pp. 79 – 110.

品中，以青金石和青铜两类最为典型。

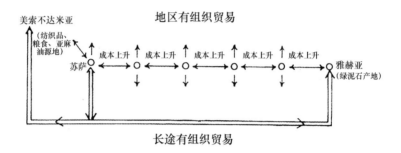

图 10　地区有组织贸易到长途有组织贸易转变示意

资料来源：T. W. Beale，"Early Trade in Highland Iran：A View from a Source Area"，*World Archaeology*，5/2（1973），p. 144.

第一节　青金石商路

　　早在丝绸之路开辟以前，亚洲大陆就已出现国际贸易路线网，其中以青金石国际贸易最为著名，该贸易路线史称"青金之路"。自史前时代直到早王朝时期，青金石这种珍贵材料从远隔数千公里之远的阿富汗，被源源不断地运送到两河流域，作为最珍贵的宝石之一，深受两河流域上层人们的喜爱。①

　　这条连接阿富汗和两河流域的商路，以阿富汗的巴达赫尚为起点，青金石首先被运送到伊朗东南部的沙里索克塔，

---

① G. Herrmann，"Lapis Lazuli：The Early Phases of Its Trade"，*Iraq*，30（1968），pp. 21 – 57. 最新参见刘昌玉《"青金之路"开拓亚洲西段古代贸易》，《中国社会科学报》2017 年 3 月 20 日。

并在那里进行切片、清洗、加工成成品，然后再运送到最终目的地两河流域。具体上讲共有两条路线，第一条路线从巴达赫尚沿陆路向西，途经伊朗高原，到达两河流域北部的亚述地区；第二条路线从巴达赫尚沿陆路到印度河流域的沿海港口，再由海路经印度洋至波斯湾，到达两河流域南部的巴比伦尼亚地区。青金之路经上述两路抵达两河流域后，再经水路穿越地中海，或经陆路横穿西奈半岛，直达埃及和努比亚地区，全程五千多公里。

一　青金石产地

青金石是一种不透明的半宝石，拉丁语称为 *lapis lazuli*，意为"蓝色的石头"。在古代两河流域楔形文字体系中，青金石的苏美尔语是 za-gin$_3$，其中 za 本义为"石头"，gin$_3$ 泛指"山、山脉"，za-gin$_3$ 直译为"山中之石"，特指青金石，对应的阿卡德语为 *uqnum*。

学术界对古代青金石的产地众说纷纭，大概有阿富汗说、伊朗高原说、帕米尔高原说、贝加尔湖说等。迄今为止，在伊朗高原并未发现青金石矿。学者推断，伊朗高原很可能只是青金石贸易的中转站和加工地，而非产地。虽然帕米尔高原和贝加尔湖出产青金石，但质地较差，在色泽和品质上，与两河流域出土的青金石存在明显差异。另外，帕米尔高原的青金石产在海拔 5000 米高的岩壁上，古代因条件所限，基本无法开采。贝加尔湖附近的青金石矿距离两河流域则太过遥远，故两河流域出土的青金石不可能来自贝加尔湖附近。

近年来，国际学术界在该问题上逐渐达成一致，认为古代两河流域、埃及的青金石来源于今阿富汗巴达赫尚地区的科克查河（阿姆河支流）上游。直至今日，巴达赫尚地区仍是世界上质地最好的青金石产区，其质地、色泽、成分与两河流域出土的青金石器物十分契合。少数学者认为，在公元前 6 千纪晚期（哈苏纳文化早期），在两河流域北部的遗址亚明丘，曾经发现零星的青金石念珠。直到公元前 4000 年左右的欧贝德文化晚期，才有确切证据表明，阿富汗的青金石开始经由伊朗高原传播到两河流域北部地区（见图 11）。

二 "青金之路"路线

在现有文献中，并未发现青金之路具体路线的直接记载，学者只能根据考古发现和青金石术语，间接推断其路线及历史演变。由于受政治、经济等因素的影响，不同时期青金之路的路线并非一成不变，应该存在多条贸易路线（见图12）。

大约从公元前 4000 年起，青金石作为奢侈品，开始为两河流域的富有阶层所青睐，巴达赫尚的青金石经伊朗高原被运往两河流域北部。公元前 4 千纪（欧贝德文化晚期和乌鲁克文化期），两河流域北部统治者对来自阿富汗的青金石实行垄断贸易。在高拉遗址中，考古学家发现了青金石念珠、平印、滚印及镶嵌物等，基本上都是小物件。在这一时期两河流域南部的遗址中，目前尚未发现青金石贸易的证据。

大约从捷姆选特那色文化期起，随着两河流域南部城邦政治与经济的发展，青金石贸易逐渐从两河流域北部转移到

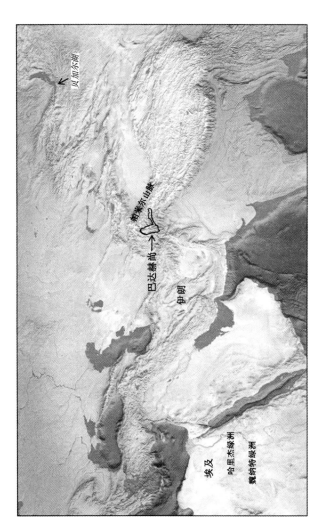

图 11 青金石可能的产地

资料来源：引自 K. M. Ajango, *New Thoughts on the Trade of Lapis Lazuli in the Ancient Near East c. 3000–2000 B. C.*, BA thesis, University of Wisconsin-La Crosse, 2010, p. 8.

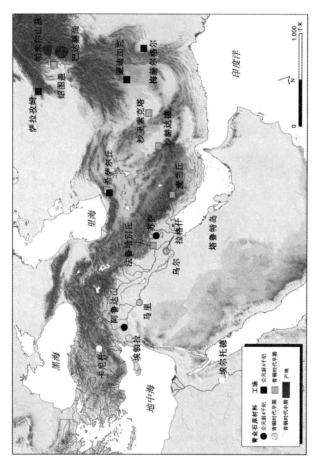

图 12　青金石的产地与加工场分布

资料来源：引自 M. Massa, A. Palmisano, "Change and continuity in the long-distance exchange networks between western/central Anatolia, northern Levant and northern Mesopotamia, c. 3200–1600 BCE", *Journal of Anthropological Archaeology*, 49 (2018), p. 78.

南部。在伊朗高原，苏萨控制了商路，阿富汗的青金石不再运往两河流域北部，而是运往南部诸城邦。在这一时期两河流域南部的乌鲁克、乌尔、吉尔苏以及迪亚拉河流域的图图卜等遗址中，考古学家发现了大量青金石物件，两河流域北部出土的青金石数量则大大减少。这一时期的青金石依旧是小物件，例如印章、念珠或其他小装饰品。

早王朝时期是苏美尔城邦分裂与争霸的阶段，这些政治因素影响了青金之路的走向。早王朝前期，两河流域与阿富汗的青金石贸易暂时中断，这一时期仅有基什出土了少量青金石念珠。大概在早王朝中期，青金石贸易得以恢复。据史诗《恩美卡与阿拉塔之王》描述，该王朝第二位国王恩美卡与伊朗的阿拉塔国王达成协议，阿拉塔作为青金之路中转站，重新将阿富汗的青金石运抵两河流域。[1] 到早王朝晚期，青金石贸易遍及乌尔、基什、迪亚拉河流域以及叙利亚的马里等地。1922—1934 年，英国考古学家伍利主持发掘了乌尔王墓，出土大量青金石物件，例如，"扶树公羊"（见图 13）高约 45 厘米，黄金制成的两只前脚扶住一棵生命树，公羊的角、背上的毛都用青金石制成，眼睛里面镶嵌青金石珠子；"乌尔军标"（见图 14）是一块长方形石板，长约 50 厘米，宽约 20 厘米，正反两面分别刻画了"战争"与"和平"场景，以镶嵌的青金石作为蓝色背景；"牛头竖琴"（见图 15、16）是古代两河流域最著名的乐器，牛的眼睛里

---

① 有关苏美尔文学作品《恩美卡和阿拉塔之王》，参见 H. Vanstiphout, *Epic of Sumerian Kings: The Matter of Aratta*, Atlanta: Society of Biblical Literature, 2003；中译本参见拱玉书《升起来吧！像太阳一样——解析苏美尔史诗〈恩美卡与阿拉塔之王〉》，昆仑出版社 2006 年版。

图 13　扶树公羊，现藏美国宾夕法尼亚大学考古学与人类学博物馆

图 14　乌尔军标（战争场景），现藏英国大英博物馆

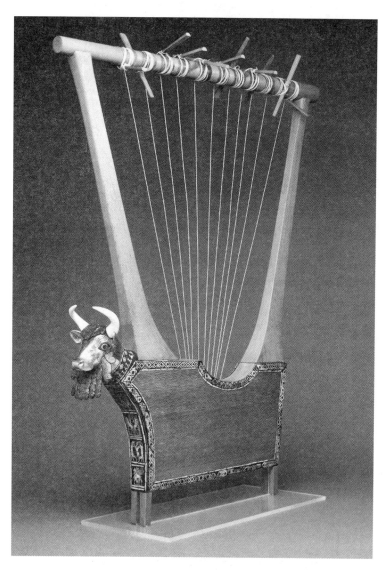

图 15　牛头竖琴，现藏英国大英博物馆

图 16 牛头竖琴（细部），现藏英国大英博物馆

镶嵌着青金石，牛头上的毛和胡须也用青金石制成。此外，乌尔王墓还出土了大量青金石滚印、念珠和各种镶嵌着青金石的首饰珠宝。

可见，早王朝时期尤其是在晚期阶段，青金石贸易颇为繁荣，两河流域对青金石的需求日益增长，说明当地显贵对这种来自异域的宝石情有独钟，体现了青金石在两河流域文明中的重要地位。公元前 2334 年，萨尔贡建立阿卡德王国，定都阿卡德城，两河流域的政治中心由南部转向中部和北部，青金石贸易也随之从南部转向北部，尤其集中在阿卡德王国统治的中心地带。这一时期，南部乌尔遗址出土的青金石物件明显减少。但是，随着乌尔第三王朝的建立，两河流域南部的青金石贸易再次繁荣，出土的乌尔第三王朝经济文献记载了大量相关信息。

大概自早王朝晚期起，青金之路除途经伊朗高原的陆路贸易外，还开通了从印度河流域经印度洋、波斯湾到两河流域南部的海上国际商路。在公元前 3 千纪两河流域楔形文字文献中，经常出现三个外国地名：狄勒蒙、马干和麦鲁哈。来自阿富汗的青金石首先被运到印度河流域的麦鲁哈，然后经马干、狄勒蒙，最终到达两河流域南部的苏美尔地区。可见，公元前 3 千纪，青金之路总体可分为两大商路：一是北路（陆路），从阿富汗经伊朗高原到达两河流域；二是南路（水路），从阿富汗先到印度河流域，然后经印度洋到波斯湾，最终到达两河流域南部。然而，随着公元前 18 世纪中叶印度河流域文明的突然衰亡，南路的海上商路中止，青金之路仅余北路（陆路）。

在加喜特巴比伦王朝时期，青金石是重要的王室礼物，国王或将其赐给大臣，或作为国礼赠送给埃及法老。比如，公元前 14 世纪埃及的阿马尔那书信有大量关于青金石从两河流域运抵埃及的记载。位于两河流域北部的米坦尼国王图什拉塔曾经把大量镶嵌着青金石的黄金珠宝赠送给埃及法老，有时甚至赠送青金石原料。此外，据赫梯王室书信记载，巴比伦当时是重要的青金石贸易中心。富有阶层对青金石的垂爱使得青金石贸易利润惊人，不过，开采、加工和运输青金石十分艰难，费时费力。公元前 2 千纪下半叶，出现了人工仿制的青金石，俗称"蓝玻璃"。阿卡德语楔形文字文献将天然的青金石称为"来自山上的青金石"，人工仿制的青金石则被称为"来自窑炉（烧炼）的青金石"。人造玻璃虽然在品质与色泽等方面不如天然青金石，但成本低廉、价格便宜，可以满足中下层人士的需求。阿富汗距离两河流域有三千多公里路程，在古代进行长途运输十分危险，且成本很高。因此，两河流域的许多青金石不是通过商业贸易得来，而是来自于战利品和外邦进贡。

第二节　青铜商路

在新石器时代晚期，人们逐渐开始使用金属工具，最先使用的是金属原矿石，铜矿是其中之一，但是纯的黄铜的硬度有限，在制造工具（尤其是农具、兵器）方面有许多不足，而由于青铜比铜更加坚硬，所以很快得到普及发展，也迎来了考古学上第二个时代——青铜时代。① 开启与发展这个时代的贸易是以青铜合金的成分之一——锡为主，锡贸易在青铜时代贸易中占据重要地位，当时各地人们对于锡矿的开发与交易活动十分活跃，如同近现代各国对于石油资源的争夺一样的激烈，资源交易演变为贸易争夺，贸易争夺又演变为政治与军事争夺甚至争霸。

对于青铜（锡）商路的探索，首先要清楚最早的铜（黄铜）资源分布及贸易，其次要弄清楚砷青铜资源与分布等情况（见图17）。关于青铜在世界各地被使用的历史，学术界也有不同的观点，一种认为青铜只有一个起源地，后来逐渐传播到其他地区，而传播的途径主要是通过贸易方式，这是一般意义上的青铜贸易，另一种观点认为青铜有多个起源地，不同起源地之间都是独立发展。②

黄铜的开发与使用，至少开始于公元前9千纪，考古学家在今伊拉克北部和土耳其东南部地区发现了黄铜原材料以

---

① 青铜（锡青铜）是由铜（黄铜）和锡的合金合成，铜与锡的比例大约为9:1，古代金属匠也使用9:1的比例冶炼青铜，不过文献中也有7:1或6:1的记载。锡的存在形态与石英和长石的结晶花岗岩相联系。同黄金一样，锡在石英穿透花岗岩的岩脉里被发现，但是一般以锡的氧化物锡石（SnO_2）形式存在。另一种青铜合金是由砷和黄铜合金而成（砷青铜），砷青铜出现早于锡青铜，但因砷冶炼过程中有剧毒，远古人们发现了锡后很快放弃了砷，所以后来的青铜基本指锡青铜。参考 I. G. Ravich, N. V. Ryndina, "Early Copper-arsenic Alloys and the Problems of their Use in the Bronze Age of the North Caucasus", *Bulletin of Metals Museum*, 23（1995）, pp. 1 – 18；孙淑云、潜伟：《古代铜、砷铜和青铜的使用与机械性能综述》，《机械技术史》，2000 年，第237—245 页。

② 刘学堂、李文瑛：《中国早期青铜文化的起源及其相关问题新探》，第 3 辑，《藏学学刊》2007 年；贝格立、奚国胜：《商时期青铜铸造业的起源和发展》，《南方文物》2009 年第 1 期；刘学堂、李文瑛：《史前"青铜之路"与中原文明》，《新疆师范大学学报》（哲学社会科学版）2014 年第 2 期。

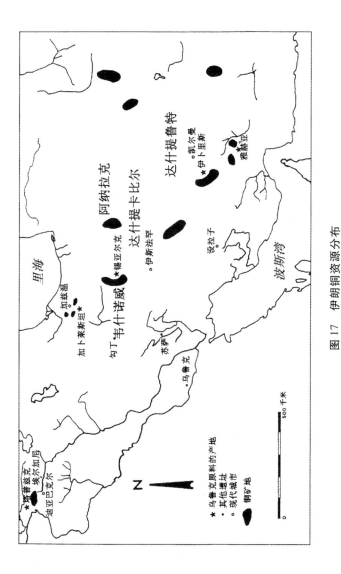

图 17 伊朗铜资源分布

及粗糙制造的简易工具。① 公元前 5 千纪中期，黄铜冶炼技术得到发展，在今伊朗凯尔曼省的伊卜里斯遗址出土的黄铜冶炼制品证明了这一点。② 公元前 4 千纪晚期，人们已经可以冶炼出更加精细的铜制品，位于死海附近的纳哈尔—米什马尔（Nahal Mishmar）山谷出土了大量精细的铜制品，包括铜制王冠、权杖、梨形权标头、斧头和扁斧等代表权力和世俗的物品。③ 这些铜制品都是由纯黄铜制成，并没有发现锡的成分，说明当时人们还没有掌握锡铜合金技术。不过有些铜制品是由铜—砷合金制成，说明了该时期是黄铜与锡青铜之间的过渡时期。自公元前 3500 年至前 1500 年，砷青铜的使用遍及世界各地，从印度河流域直到不列颠群岛。而在安纳托利亚、克里特岛和基克拉底群岛，砷青铜和锡青铜同时被使用。由于砷在冶炼过程中释放剧毒，所以逐渐被锡所取代。到公元前 2000 年左右，除西地中海和欧洲部分地区，锡几乎完全取代砷成为冶炼青铜的主要成分。

　　在时间上，锡青铜最早出现的时间则要更早。在伊朗东南部的雅赫亚遗址，考古发掘了最早的锡青铜证据，年代上

---

① H. Cambel, R. J. Braidwood, "An early farming village in Turkey", *Scientific American*, 222/3 (1970), pp. 50 – 56.

② J. R. Caldwell, "Tal-i-Iblis and the Beginnings of Copper Metallurgy in the Fifth Millennium", *Archaeologia Viva*, 1/1 (1968), pp. 145 – 150; J. R. Caldwell, "Pottery and Cultural History on the Iranian Plateau", *Journal of Near Eastern Studies*, 27 (1968), pp. 178 – 183.

③ D. Ussushkin, "The 'Ghassulian' Temple in Ein Gedi and the Origin of the Hoard from Nahal Mishmar", *Biblical Archaeology*, 34 (1971), pp. 23 – 29; P. Bar-Adon, "The Cave of the Treasure", *Archaeology*, 16 (1963), pp. 251 – 259.

早于公元前 3000 年。① 此外，在土耳其南部沿海的阿穆克
（Amuq）山谷出土的锡青铜小雕像在年代上大致处于同一时
期。② 锡青铜早在公元前 3 千纪已经被广泛使用，遍及两河
流域与叙利亚周边地区，这些地区最早进入到青铜时代。一
般而言，青铜冶炼工场位于铜矿附近，古代著名的铜矿产地
在东地中海和近东地区，比如塞浦路斯岛、土耳其东南部和
伊朗东南部。在两河流域南部的乌尔遗址出土的楔形文字文
献中，记载了当时两河流域与波斯湾的铜商路。与黑曜石、
陶器贸易研究方法类似，青铜商路研究的基础也要依赖于自
然科学技术，③ 即通过对不同地区青铜微量元素的测量，推
知青铜或黄铜的原产地以及分布情况，然后根据青铜的各个
分布点与产地之间的连线，进而推知青铜商路。④ 关于伊朗
地区是锡产地这一说法，不仅在两河流域的楔形文字资料中
有所提示，而且后来的古典作家和阿拉伯地理学家也持同样
观点。⑤ 他们将伊朗到两河流域的锡商路分为南北两条：北
线要穿过扎格罗斯山，途经哈珊鲁（Hasanlu）和辛沙拉

① C. C. Lamberg-Karlovsky, M. Lamberg-Karlovsky, "An early city in Iran", *Scientific American*, 224/6 (1971), pp. 102 – 111.

② R. J. Braidwood, J. E. Burke, N. H. Nachtrieb, "Ancient Syrian coppers and bronzes", *Journal of Chemical Education*, 28 (1951), pp. 87 – 96.

③ S. R. B. Cooke, E. Henrickson, G. R. Rapp Jr., "Metallurgical and Geo-chemical Studies", in W. A. McDonald and G. R. Rapp eds., *The Minnesota Messenia Expedition, Reconstructing a Bronze Age Regional Environment*, Minneapolis: University of Minnesota Press, 1972, pp. 225 – 233.

④ J. D. Muhly, "Tin Trade Routes of the Bronze Age: New Evidence and New Techniques Aid in the Study of Metal Sources of the Ancient World", *American Scientist*, 61/4 (1973), pp. 405 – 406.

⑤ T. A. Wertime, "In search of *Anaku*: Bronze Age mystery", *Mid-East*, 8/6 (1968), pp. 11 – 20.

(Tell Shimshara) 等地，山区地带成为商路的天然屏障；[1] 南线又可细分为海陆两支，陆路从苏萨到埃什努那，海路从苏萨经波斯湾到达两河流域最南部的拉尔萨。

亚洲西段自阿富汗至伊拉克之间主要有两条贸易路线，一条是陆路，即从阿富汗向西经伊朗高原，穿过扎格罗斯山脉，到达两河流域（今伊拉克），直到东地中海沿岸，被称为北线，时间上大约从公元前 6000 年到公元前 1000 年；一条是海路，即从阿富汗向南到达印度河流域（今巴基斯坦），再从印度河流域沿海地区向西经印度洋，穿过霍尔木兹海峡到达波斯湾，然后北上直至两河流域地区和安纳托利亚，在时间上大约从公元前 2500 年到公元前 1800 年，又被称为南线或波斯湾商路。而前者是亚洲西段最早的、历时最长的跨区域贸易路线。

在公元前 5 千纪的欧贝德文化时期，贸易的路线主要是以两河流域北部为中心，途经伊朗高原、安纳托利亚和叙利亚等地。作为制作装饰品原料，绿松石和青金石分别从中亚和阿富汗途经伊朗高原流通到两河流域。在公元前 4 千纪的乌鲁克文化期，两河流域的贸易中心由北部转到南部，两河流域南部的苏美尔人逐步进入文明社会，他们也逐渐认识到资源的战略重要性，通过建立前哨基地来控制资源。苏美尔人通过控制伊朗的苏萨和胡齐斯坦，从伊朗高原的塔尔梅西进口铜。公元前 3000 年左右，铜和锡的合金制成青铜，青铜比铜更加坚硬和实用，这开启了西亚的青铜时代，同时也

---

① S. Page, "The Tablets from Tell-Al-Rimah: A Preliminary Report", *Iraq*, 30 (1968), pp. 87 – 97.

促进了跨区域贸易的发展。① 可以说，在整个乌鲁克文化时期，两河流域南部的苏美尔地区由于缺乏石材、金属和大型木材等原材料，亟须同安纳托利亚、伊朗地区和更远的印度河流域进行跨区域贸易，这可以从考古发掘出土的器物以及楔形文字泥板记录中得到印证。伊朗高原商路纵横数千年时间，是丝绸之路以前西亚地区的主要贸易纽带，通过伊朗高原的过渡地带，发达的两河流域文明影响了周边地区的文明发展进程，不过随着古代商人探索范围与技术的进步，海上贸易逐步取代陆上贸易，成为亚洲西段的主要跨区域贸易形式，也必将推动新一轮的贸易与文化交流。

---

① S. Mark, *From Egypt to Mesopotamia*: *A Study of Predynastic Trade Routes*, College Station: Texas A & M University Press, 1997, pp. 6 – 9.

第三章　南路——波斯湾商路

公元前 2500 年左右，亚洲西段商路发生转变：由陆路转向海路，由北路转向南路。两河流域逐渐减少了途经伊朗高原到阿富汗的陆路贸易，转向经波斯湾到印度洋再到阿富汗的海上贸易。从这时期开始，两河流域的楔形文字文献中出现了三个有机组合的异域地名：狄勒蒙、马干和麦鲁哈（见图 18）。这三个对两河流域而言的"外国"地名的地理定位问题，一直是学术界关注的热点问题。基于考古发掘中的文物资料证据，学术界已经对前两个地名的地理位置达成了一致：狄勒蒙位于今巴林，[①] 马干位于今阿曼。[②] 而对于这

---

① D. T. Potts, "Dilmun: where and when?", *Dilmun*, 11 (1983), pp. 15 – 19; B. Alster, "Dilmun, Bahrain, and Alleged Paradise in Sumerian Myths and Literature", in D. T. Potts ed., *Dilmun: New Studies in the Archaeology and Early History of Bahrain*, Berlin: Dietrich Reimer Verlag, 1983, p. 39; R. Carter, "Restructuring Bronze Age Trade: Bahrain, Southeast Arabia and the Copper Question", in H. Crawford ed., *The Archaeology of Bahrain: The British Contribution*, Oxford: Archaeopress, 2003, pp. 31 – 42. 亦可参考国洪更、吴宇虹《古代两河流域和巴林的海上国际贸易——楔形文字文献和考古发现中的狄勒蒙》，《东北师大学报》（哲学社会科学版）2004 年第 5 期。

② J. J. Glassner, "Mesopotamian textual evidence on Magan/Makan in the late 3rd millennium B. C.", in P. M. Costa, M. Tosi eds., *Oman Studies*, Rome: Istituto Italiano per il Medio ed. Estremo Oriente, 1989, pp. 181 – 192; L. R. Weeks, *Early Metallurgy of the Persian Gulf: Technology, Trade, and the Bronze Age World*, Leiden: Brill, 2004, pp. 15 – 16.

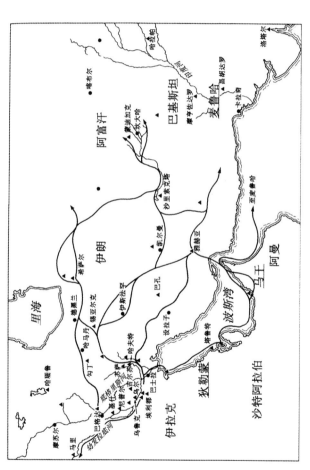

图 18 麦鲁哈、马干、狄勒蒙

资料来源：引自 P. R. S. Moorey, *Ancient Mesopotamian Materials and Industries: The Archaeological Evidence*, Winona Lake: Eisenbrauns, 1994, p. xxi.

里说的第三个地名麦鲁哈的地理定位，长期以来一直是学术界争议最多的难题，曾经有埃塞俄比亚、阿曼、印度河流域三种说法之争。随着印度河流域哈拉帕文化遗址的发掘，亚述学者对原始楔形文字文献的深入解读，以及其他领域学者对原始达罗毗荼语和梵语中名词的释义，目前学术界大致认定，两河流域早期的楔形文字文献中提到的麦鲁哈位于印度河流域。这些地区所盛产的物品如青金石、红玉髓、象牙、木材、石材、黄金和铜等贵金属被运送到两河流域，而两河流域的大麦、啤酒和羊毛等物品被运送到这三个地区。为了确保交易的合法性与诚信原则，贸易双方在商品和文件上加盖印章印文，从狄勒蒙和两河流域出土了若干印度河流域风格的印章，说明了当时印度洋—波斯湾海上贸易的繁盛。

第一节　狄勒蒙

狄勒蒙原指阿拉伯半岛塔鲁特海岸一带，在公元前3千纪后特指位于波斯湾的巴林。巴林岛是一个很好的避风港，有丰富的淡水资源，富产优质椰枣。由于农业土地有限，粮食不足以维持本岛居民消费，狄勒蒙人从苏美尔进口粮食，同时出口鱼类和珍珠。在巴林考古出土了两种不同衡制（两河流域衡制和麦鲁哈衡制）、苏美尔和印度河流域题材的印章，证实了两河流域与狄勒蒙的早期商路的存在。

在楔形文字文献资料中，最早记录狄勒蒙、马干和麦鲁哈的是早王朝时期第Ⅲa阶段的拉格什第一王朝的恩西（统治者）乌尔南舍（Ur-Nanshe，约公元前2550年）统治时期的铭文。① 不少铭文重复记录"狄勒蒙的船从山地带来了一船木材"②。但是，也有学者注意到，狄勒蒙其实早在捷姆迭特那色文献中已有记载，甚至更早在乌鲁克文化Ⅳ期（即最古老的楔形文字时期）的古朴文献中就有记录。③ 同时期舒鲁帕克出土的经济文献中也包含 gal-Dilmun 的术语，很可能指的是参与狄勒蒙海洋贸易的商人或水手。④ 早王朝时期第Ⅲb 阶段拉格什第一王朝的统治者卢加尔安达至乌鲁卡基那时期的经济文献记载了拉格什和狄勒蒙之间的贸易，"234米纳铜矿属于卢古努图尔（Lugunutur）的财产，由商人乌尔恩克（Ur-enk）从狄勒蒙山地带来，拉格什的恩西卢加尔安达在宫殿中支付"。⑤ 拉格什从狄勒蒙进口的商品主要有铜矿、椰枣和"狄勒蒙葱或蒜"（sum Dilmun）。⑥ 而拉格什出

① C. J. Gadd，"The Cities of Babylonia"，in *Cambridge Ancient History*，3rd ed. Vol. 1，pt. 2，Cambridge：Cambridge University Press，1971，p. 131；R. W. Ehrich，*Chronologies in Old World Archaeology*，Chicago：University of Chicago Press，1965，p. 178.

② C. J. Gadd，"The Cities of Babylonia"，in *Cambridge Ancient History*，3rd ed. Vol. 1，pt. 2，Cambridge：Cambridge University Press，1971，p. 117.

③ D. T. Potts，"Dilmun：Where and When?"，*Dilmun：Journal of the Bahrain Historical and Archaeological Society*，2（1983），p. 15；A. A. Vaiman，"Über Die Protosumerische Schrift"，*Acta Antiqua Academiae Scientiarum Hungaticae*，22（1974），p. 26.

④ 文献 VAT 9075，4；12674，13。

⑤ 文献 VAT 4760. M. Lambert，"Texts Commerciaux de Lagash. Part 1"，*Revue d'Assyriologie et d'Archéologie orientale*，47（1953），p. 57。

⑥ 文献 DP 383，385，393，395，396，403，405，408；Nik 46，47；P. B. Cornwall，*Dilmun：The History of Bahrein Island before Cyrus*，PhD thesis，Harvard University，1944，pp. 16 – 17；A. Deimel，"Der Gemüsebau bei den alten Šumerern"，*Orientalia*，17（1925），p. 24；E. Burrows，"Tilmun，Bahrain，Paradise"，*Orientalia*，30（1928），p. 6。

口到狄勒蒙的商品主要是小麦、雪松木、奶酪、大麦、奶
油、二粒小麦、优等食品和烘烤食品。① 这里面除了雪松木
是来自于东地中海沿岸（今黎巴嫩），经两河流域交易到狄
勒蒙之外，其他的商品都是两河流域自产的。

　　阿卡德王国时期，狄勒蒙、马干和麦鲁哈在文献中的出
现频率进一步提高，并且有了更加详细的记载。据阿卡德国
王萨尔贡的文献记载，"麦鲁哈的船、马干的船和狄勒蒙的
船停泊在了阿卡德的码头"②。学者们认为，这是两河流域与
波斯湾东部海上贸易繁荣的体现，但是至于贸易的经营者是
阿卡德人还是外国人，后者的可能性要大一些，即源于游牧
民族的阿卡德人不擅长航海，所以雇用外国人进行海上贸
易，将波斯湾贸易的管理工作交给了外国人经营。③ 当然，
这仅仅是种猜测，由于文献中没有贸易管理经营的具体描
写，所以对此我们也只能保留自己的意见。古地亚王朝时
期，波斯湾贸易再度繁荣，似乎是一种朝贡贸易，马干、麦
鲁哈、狄勒蒙带来大量贡品，它们的船携带成批木材来到拉
格什，并且携带从马干山开采的闪长岩石料，古地亚用这些
石料为自己雕刻了许多小雕像。④ 古地亚铭文中详细列举并

---

① A. L. Oppenheim, "The Seafaring Merchants of Ur", *Journal of the American Oriental Society*, 74 (1954), p. 13.

② C. J. Gadd, "The Dynasty of Agade and the Gutian Invasion", in *Cambridge Ancient History*, 3rd ed. Vol. 1, pt. 2, Cambridge: Cambridge University Press, 1971, p. 422.

③ A. L. Oppenheim, "The Seafaring Merchants of Ur", *Journal of the American Oriental Society*, 74 (1954), p. 15.

④ G. A. Barton, *The Royal Inscriptions of Sumer and Akkad*, RISA, New Haven, 1929, p. 191 (Gudea Statue D, Col. IV, L. 7 – Col. V, L. 1).

描述了他为了修建神庙而进口的各类商品，并且指出了其来源地：狄勒蒙是木材产地，马干是木材和闪长岩产地，麦鲁哈是黑檀木、黄金、红玉髓和青金石的产地。①

乌尔第三王朝建立者乌尔那穆自称恢复了波斯湾海上贸易，马干来的船只停泊在乌尔港口。② 乌尔那穆的继承人舒尔吉效仿前朝先例，也自称为神以及"四方之王"，他将狄勒蒙纳入到王朝的势力范围，并且与狄勒蒙互派使者（见图19）。③ 舒辛统治时期，其最高行政首脑阿拉德南那（Arad-Nanna sukkal-mah）有一个头衔是狄勒蒙行政长官（gir nita），表明了乌尔王朝对狄勒蒙的政治影响力。④ 从乌尔出土的泥板（ITT 2 776）提到羊毛出口至狄勒蒙。苏美尔文献中提到的许多狄勒蒙商品，其原产地不在狄勒蒙，而在印度河流域或阿富汗，这说明狄勒蒙作为一个贸易中转港和集散中心，连接两河流域和印度河流域及其他地区的长途贸易。⑤ 这时期来自狄勒蒙的朝贡品也被运到两河流域的神庙中，作为神庙税组成部分，两河流域专门派遣使者或贸易代表到狄

---

① W. F. Leemans, *Foreign Trade in the Old Babylonian Period*, Studia et Documenta ad iura orientis antique perinentia 6. Leiden, 1960, pp. 5 – 10, 11 – 12.

② C. J. Gadd, "Babylonia c. 2120 – 1800 B. C. ", *Cambridge Ancient History*, 3rd ed. Vol. 1, pt. 2, Cambridge：Cambridge University Press, 1971, pp. 599 – 600.

③ 文献 AO 3474. A. L. Oppenheim, "The Seafaring Merchants of Ur", *Journal of the American Oriental Society*, 74（1954）, p. 16。

④ C. J. Gadd, "Babylonia c. 2120 – 1800 B. C. ", *Cambridge Ancient History*, 3rd ed. Vol. 1, pt. 2, Cambridge：Cambridge University Press, 1971, p. 605, 609; P. B. Cornwall, *Dilmun*：*The History of Bahrein Island before Cyrus*, PhD thesis, Harvard University, 1944, p. 70.

⑤ H. Crawford, *Dilmun and its Gulf Neighbours*, Cambridge：Cambridge University Press, 1998; 吴宇虹、国洪更：《古代两河流域和巴林的海上国际贸易》，《东北师大学报》（哲学社会科学版）2004 年第 5 期。

图 19　记录狄勒蒙的泥板（博物馆编号 AO 03474），

现藏法国卢浮宫博物馆

勒蒙去，文献中多次出现"到狄勒蒙的旅途"①。文献中也记载了商人身份的信息。在文献 UET 5 286 和 UET 5 526 中，神庙税纳税人是伊丁宁因扎克（Idin-Nin-inzak），这是一个狄勒蒙人名，说明此时来自狄勒蒙的水手或商人航海到达乌尔。

　　在伊新王朝的建立者伊什比埃拉统治时期，他加强了同狄勒蒙之间的贸易关系。在拉尔萨王朝第 5—7 位国王衮古努（Gungunum）、阿比萨莱（Abisare）和萨姆埃尔（Sumu-el）统治时期，他们从狄勒蒙进口铜，② 伊新—拉尔萨时期波斯湾贸易同乌尔第三王朝相比有两点变化，一是只与狄勒蒙联系，而没有马干，说明当时与马干以及更东部地区的直接贸易联系中断，狄勒蒙作为贸易联系的唯一对象，将更东部地区的货物中转交易到两河流域，二是私人贸易居多，而不是之前的神庙以官方贸易为主，体现了贸易方式的转变。③在拉尔萨王朝末王瑞姆辛统治时期（公元前 1822—前 1763 年），文献中记录了大量与狄勒蒙的贸易，其中频繁提到了一个乌尔大商人埃阿纳西尔（Ea-Nasir），他经营狄勒蒙与乌尔之间的铜贸易，铜应该是产自马干等地，先被卖到狄勒蒙，白银作为货币用来购买铜，同时两河流域的纺织品、衣物和香料被运到狄勒蒙销售，他一方面经营私人贸易，一方面作为王室代表，将狄勒蒙货物出售给王宫。他肯定是亲自

---

　　① A. L. Oppenheim, "The Seafaring Merchants of Ur", *Journal of the American Oriental Society*, 74 (1954), pp. 7 – 8.

　　② W. F. Leemans, *Foreign Trade in the Old Babylonian Period*, Studia et Documenta ad iura orientis antique perinentia 6. Leiden, 1960, pp. 6 – 7.

　　③ Ibid., p. 35.

去狄勒蒙进行贸易活动，甚至在狄勒蒙有自己的住地。①

拉尔萨王朝末期与印度河流域文明衰亡的时间比较吻合，据两河流域文献记载，到拉尔萨王朝末期，两河流域停止了波斯湾贸易，停止了从麦鲁哈进口青金石和红玉髓、从马干进口铜等商品，波斯湾贸易似乎至此中止了。古巴比伦时期极少有同狄勒蒙贸易的记载，只是在萨姆苏伊鲁那统治时期的一篇文献中记载了一个狄勒蒙人名因萨克加米尔（In-sakgamil）。② 不过，在同时期的马里王室书信中有不少狄勒蒙信使的记录，沙姆西阿达德给其子雅斯马赫阿杜的信中提到了狄勒蒙的使者在马里。其他的狄勒蒙使者访问舒巴特恩利尔。在雅斯马赫阿杜给汉谟拉比的信中，提到了他派一个商队到狄勒蒙，商队抱怨旅途艰辛。③

在加喜特巴比伦时期（约公元前1600—前1200年），关于狄勒蒙的记载出现在布尔那布里亚什（Burnaburiyash，约公元前1370年）统治时期尼普尔的两封书信中，即一个名叫伊利帕斯拉（Ili-ippasra）的人写给尼普尔总督伊利利亚（Ililiya）的信。伊利帕斯拉是加喜特的官员，住在狄勒蒙，监管狄勒蒙椰枣的挑选与包装工作。在这两封信中，伊利帕斯拉抱怨阿拉米亚部落或贝都因部落抢劫椰枣，对他的工作

---

① A. L. Oppenheim, "The Seafaring Merchants of Ur", *Journal of the American Oriental Society*, 74 (1954), pp. 10 – 11; W. F. Leemans, *Foreign Trade in the Old Babylonian Period*, Studia et Documenta ad iura orientis antique perinentia 6. Leiden, 1960, pp. 38 – 40, 51, 54; 见文献 UET 5 81, 796, 5, 667. P. B. Cornwall, *Dilmun: The History of Bahrein Island before Cyrus*, PhD thesis, Harvard University, 1944, p. 72。

② W. F. Leemans, *Foreign Trade in the Old Babylonian Period*, Studia et Documenta ad iura orientis antique perinentia 6. Leiden, 1960, p. 141. 文献 TLB 1 160。

③ 文献 ARM 1 21; ARM 1 17; ARM 5 14。

造成极大威胁。① 在加喜特时期的一些遗址中发现了椰枣灰烬的遗迹，它们被储存在一个仓库里，而这些椰枣都是从狄勒蒙进口而来的，证明了加喜特时期两河流域依然保持着与狄勒蒙之间的波斯湾贸易。②

公元前 1235 年，亚述国王图库尔提尼努尔塔一世打败加喜特巴比伦，占领巴比伦七年之久，在这段时期内，他的称号为："亚述之王、卡尔杜尼阿什之王、苏美尔与阿卡德之王、西帕尔与巴比伦之王、狄勒蒙与麦鲁哈之王、上海与下海之王。"③ 虽然他使用了狄勒蒙与麦鲁哈之王，但是可以肯定，他并没有征服狄勒蒙和麦鲁哈，这只不过是他的一种炫耀功绩的方式。这时期，即使两河流域与狄勒蒙有贸易往来，也是在亚述的控制之下。图库尔提尼努尔塔去世后，亚述衰微，巴比伦被埃兰占领，两河流域进入到"黑暗时期"（中巴比伦—中亚述时期），政局混乱导致波斯湾贸易中断了五百多年。

第二节　马干

马干原指伊朗马克冉沿岸，后来专指阿曼，在两河流域

---

① 文献 Ni 615，641；A. Goetze，"The Texts Ni 615 and Ni 641 of the Istanbul Museum. Appendix to P. B. Cornwall, Two Letters from Dilmun"，*Journal of Cuneiform Studies*，6（1952），pp. 142 – 145。

② T. G. Bibby，"Arabian Gulf Archeology"，*Kuml*，（1964），p. 103；T. G. Bibby，*Looking for Dilmun*，Harmondsworth，Middlesex：Penguin Books，1970，pp. 363 – 365.

③ P. B. Cornwall，*Dilmun：The History of Bahrein Island before Cyrus*，PhD thesis，Harvard University，1944，pp. 81 – 82.

文献中指位于狄勒蒙和麦鲁哈之间的地区。据两河流域文献记载，马干富含铜矿和闪长岩资源，楔形文字文献中称马干为"铜山"[1]。到公元前2500年左右，大量的铜在阿曼半岛被开采。

两河流域的铜的来源地应该是马干，而在埃勃拉文献中记载黄金和锡的重量，依据的是狄勒蒙（今巴林）的度量衡，这可能暗示了另一条从阿富汗—印度河流域途经印度洋和波斯湾到两河流域，然后到达叙利亚埃勃拉的商路。我们知道，到乌尔第三王朝和伊新—拉尔萨王朝时期，两河流域南部已经开通了与狄勒蒙、马干和麦鲁哈（印度河流域）的直接海上贸易路线——波斯湾商路。

在舒鲁帕克文献中提到，铜主要来自于马干，是海上贸易中最重要的商品。[2] 据阿卡德文献记载，萨尔贡征服了马干，并且将整个波斯湾控制在其统治之下。[3] 萨尔贡的孙子纳拉姆辛（见图20）自称为"四方之王"与阿卡德之神，他是古代两河流域历史上第一个自称为神的国王，后来的乌尔第三王朝、伊新—拉尔萨王朝国王们都纷纷效仿他的这一举动。他的"四方之王"称呼中的南方，即指打败了马干国

---

[1] H. Limet, "Les Métaux à l'époque d'Agade", *Journal of the Economic and Social History of the Orient*, 15 (1972), pp. 14 – 17.

[2] P. B. Cornwall, *Dilmun: The History of Bahrein Island before Cyrus*, PhD thesis, Harvard University, 1944, p. 17; W. F. Leemans, *Foreign Trade in the Old Babylonian Period*, Studia et Documenta ad iura orientis antique perinentia 6, Leiden: Brill, 1960, p. 5.

[3] P. B. Cornwall, *Dilmun: The History of Bahrein Island before Cyrus*. PhD thesis, Harvard University, 1944, pp. 18 – 19; C. J. Gadd, "The Dynasty of Agade and the Gutian Invasion", in *Cambridge Ancient History*, 3rd ed. Vol. 1, pt. 2, Cambridge: Cambridge University Press, 1971, p. 422.

图 20 纳拉姆辛战功碑，现藏法国卢浮宫博物馆

王玛尼乌（Manium），征服了马干。① 据《古地亚滚筒铭文》
（见图 21）记载，拉格什第二王朝的统治者古地亚派人到马
干开采闪长岩，并且同马干人交易铜。② 据乌尔第三王朝第
四王舒辛时期文献记载，从吉尔苏出口大麦至马干。③ 最后
一王伊比辛时期，来自乌尔的经济文献有大量关于外国商品
的记录，在卢恩利拉（Lu-Enlila）官员档案中，有大量乌尔
与马干铜贸易的记录。④

　　在加喜特巴比伦时期，地名"马干"和"麦鲁哈"由之
前指波斯湾（阿曼）和印度河流域地区转变为指代埃及和埃
塞俄比亚地区。首先出现转变是在埃及的阿马尔那文献中，
此时的转变只适用于麦鲁哈，而马干指代的转变发生在新亚
述时期。⑤ 在古巴比伦时期以前，两河流域的主要进口依赖
于东方，包括伊朗高原、波斯湾沿岸和印度河流域，而随着
印度河流域文明的突然衰亡，两河流域与其的波斯湾贸易也
随之中止，两河流域的主要贸易对象转到西方，包括安纳托
利亚、叙利亚—巴勒斯坦和塞浦路斯，以及非洲的埃及和埃
塞俄比亚，比如之前两河流域从马干（今阿曼）进口铜，而

---

① C. J. Gadd, "The Dynasty of Agade and the Gutian Invasion", in *Cambridge Ancient History*, 3rd ed. Vol. 1, pt. 2, Cambridge: Cambridge University Press, 1971, p. 445.

② D. Edzard, *Gudea and His Dynasty*, The Royal Inscriptions of Mesopotamia Early Periods Vol. 3/1（RIME 3/1）, Toronto: University of Toronto Press, 1997.

③ W. F. Leemans, *Foreign Trade in the Old Babylonian Period*, Studia et Documenta ad iura orientis antique perinentia 6, Leiden: Brill, 1960, p. 22.

④ Ibid., p. 21.

⑤ I. J. Gelb, "Makkan and Meluhha in Early Mesopotamian Sources", *Revue d'Assyriologie*, 64（1970）, p. 7; J. Hansman, "A 'Periplus' of Magan and Meluhha", *Bulletin of the School of Oriental and African Studies*, 36/3（1973）, pp. 574 – 575, 577.

图 21 古地亚滚筒铭文，现藏法国卢浮宫博物馆

之后转为从塞浦路斯进口铜，此外贵金属、宝石、象牙等物品也转为从埃及和埃塞俄比亚等地进口。虽然马干和麦鲁哈的名称保留了下来，不过已经不再指之前的阿曼和印度河流域，而是指埃及和埃塞俄比亚了。

有关波斯湾贸易的考古证据要远久于其文献证据，两河流域南部考古发掘显示，时间最早的物品有捷姆迭特那色时期的玛瑙、红玉髓、青金石、黑曜石等珠子和护身符。这些物品都是从印度河流域经印度洋——波斯湾海上贸易到达两河流域南部地区。楔形文字文献记载的"鱼眼"指的是珍珠，它们既发现于狄勒蒙，又发现于两河流域南部地区，年代上都是公元前3千纪。在乌鲁克文化晚期的埃利都建筑中装饰有铜包裹的石膏镶嵌，在乌鲁克的神庙里发掘出了铜器皿、铜钉钉在金片上，管状的铜套等物品。① 在捷姆迭特那色时期，迪亚拉河流域卡法迦（Khafajah）的月神辛庙发掘出了白银和铜，在一些动物雕像中用铜做装饰。而在北部的高拉遗址发现有铜、黄金、红玉髓、青金石、闪长岩、贝壳和象牙制品等。② 同时，两河流域的滚筒印章被大量制作，用于贸易间信用的标志，保证了国际贸易的有序开展。③ 早王朝时期的考古证据异常丰富，在早王朝时期第Ⅱ阶段，金属使用增长，失蜡法广泛运用，在第Ⅲ阶段达到顶峰，青铜武器被大量制造，金银被制作成各种饰品与工具，还有贵金属制作的珠宝和奢侈品，铜在迪亚拉地区被大量使用，青金石也被大量使用制造饰品。④ 早王朝时期最详细、最完整保存外国商品证据的是乌尔王墓，时间上对应于早王朝时期第Ⅱ/Ⅲa阶段，其外国商品种类有铜、黄金、青金石、红玉髓、珍珠母、海贝壳、皂石器皿，大多来自于印度河流域，经波斯湾贸易来到两河流域。⑤ 在

---

① S. Lloyd, *The Archaeology of Mesopotamia：From the Old Stone Age to the Persian Conquest*, London：Thames and Hudson, 1978, pp. 52, 55.

② Ibid. , p. 82.

③ H. Frankfort, "The Last Predynastic Period in Babylonia", in *Cambridge Ancient History*, 3rd ed. Vol. 1, pt. 2, Cambridge：Cambridge University Press, 1971, pp. 88, 91 – 92.

④ S. Lloyd, *The Archaeology of Mesopotamia：From the Old Stone Age to the Persian Conquest*, London：Thames and Hudson, 1978, pp. 127 – 128, 240.

⑤ E. C. L. During-Caspers, "Etched Cornelian Beads", *Bulletin No. 10 of the Institute of Archaeology*, 1971, pp. 83 – 98；E. C. L. During-Caspers, "Harappan Trade in the Arabian Gulf in the Third Millennium B. C. ", *Mesopotamia*, 7 (1972), p. 188.

今阿联酋沿海的乌姆—安纳尔（Umm an-Nar）遗址还发现了红玉髓珠子。① 两河流域的滚印在狄勒蒙被发现，印度河流域风格的印章也在狄勒蒙和两河流域地区被发现，印证了波斯湾贸易的存在与繁荣程度，② 由于两河流域不同时期印章风格各具特色，所以这些印章的发现为我们给波斯湾贸易断代提供了重要的证据，也为我们深入研究印度河流域文明及其与两河流域文明的经济文化交流提供了可能。阿卡德时期，来自印度河流域的红玉髓珠子、印度河风格贝壳、赤土陶器在两河流域许多遗址中被发现，皂石制的石盘在阿斯玛尔和摩亨佐达罗同时被发现。③ 乌尔第三王朝的波斯湾贸易考古证据相对稀少，青金石可能不从波斯湾运到两河流域，而是跨过伊朗高原从陆路到达两河流域。在尼普尔出土一些肥胖裸体男性小雕像，其神态和形状是典型的哈拉帕文化风格，在印度河流域遗址出土过。④ 伊新—拉尔萨时期考古证据更是稀少，带有哈拉帕文化风格的滚印在两河流域被发现，狄勒蒙风格的滚印也被发现。⑤

---

① K. Frifelt, "A Possible Link Between the Jemdat Nasr and the Umm an-Nar Graves of Oman", *Journal of Oman Studies*, 1 (1975), p. 57.

② T. G. Bibby, "The 'Ancient Indian Style' Seals from Bahrain", *Antiquity*, 32 (1958), p. 246; B. Buchannan, "A Dated 'Persian Gulf' Seal and its Implications", in H. G. Güterbock, T. Jacobsen eds., *Studies in Honor of Benno Landsberger on His Seventy-Fifth Birthday April 21, 1965*, Assyriological Studies 16, Chicago: University of Chicago Press, 1965, pp. 205 – 206.

③ E. C. L. During-Caspers, "Harappan Trade in the Arabian Gulf in the Third Millennium B. C.", *Mesopotamia*, 7 (1972), pp. 187 – 189.

④ G. F. Dalas, "Of Dice and Men", in W. W. Hallo ed., *Essays in Memory of E. A. Speiser*, American Oriental Series 53, New Haven, 1968, p. 21.

⑤ R. H. Brunswig, "Radiocarbon Dating and the Indus Civilization: Calibration and Chronology", *East and West, New Series*, 25 (1975), p. 117.

马干的铜资源的开发，一定程度上缓解了两河流域对安纳托利亚和伊朗高原铜矿的过度依赖，转向南方海路，也导致了两河流域与伊朗高原的北方陆路逐渐衰落，以及南方波斯湾海路的发展。至此，马干成为继狄勒蒙之后，两河流域与印度河流域海上贸易的前哨阵地和重要的货物枢纽中心。

第三节　麦鲁哈

麦鲁哈作为一个地理名词，在古代两河流域的楔形文字文献中和另外两个地名（狄勒蒙、马干）一同被频繁地提到。在年代上，大概从阿卡德王国到新亚述帝国时期，跨越了上千年的历史。在国际亚述学界，围绕着对麦鲁哈的具体地理位置的定位问题，不同学者们展开了一个多世纪的争论，这使得"麦鲁哈问题"成为亚述学界最具争议的问题之一。学术界就某些问题达成初步的共识。除极少数学者外，[①]学术界基本认定，麦鲁哈在历史不同时期指不同的地理位置，即在前期（自公元前 3 千纪中叶至前 2 千纪中叶，历经阿卡德王国、乌尔第三王朝、古巴比伦王国）指印度河流域地区，而后期（自公元前 1 千纪，主要指新亚述时期辛那赫里布和埃萨尔哈东的王铭）指非洲埃塞俄比亚。[②]

---

① 比如，美国著名亚述学家、苏美尔学大师克莱默（S. N. Kramer）坚持认为麦鲁哈在不同时期一直位于非洲埃塞俄比亚，参见 S. N. Kramer, *The Sumerians*, Chicago: The University of Chicago Press, 1963。

② I. J. Gelb, "Makkan and Meluhha in Early Mesopotamian Sources", *Revue d'Assyriologie et d'Archéologie Orientale*, 64 (1970), p. 1.

　　阿卡德王国时期，两河流域已经建立了和印度河流域的直接海上贸易。两河流域人们可能没有到过麦鲁哈，而麦鲁哈人肯定到过狄勒蒙和两河流域，在两河流域楔形文字文献中，"麦鲁哈"这一术语首次出现在阿卡德王国萨尔贡国王（公元前2334—前2279年在位）的王铭中，"驶往狄勒蒙、马干和麦鲁哈的船停泊在了阿卡德港口"[1]。另一篇萨尔贡后期的文献记载了一个带有阿卡德语名字的人，他的身份是麦鲁哈船的舵手（lu_2-dab_5 ma_2 me-luh-ha）。[2] 阿卡德王国和乌尔第三王朝的词表工具书记载了大量麦鲁哈的货物和商人信息。此外，阿卡德时期的一个滚筒印文（见图22）是"舒伊里述，麦鲁哈的翻译人员（eme-bal）"[3]。据阿卡德文学作品《阿卡德之咒》记载，在阿卡德国王纳拉姆辛统治时期，各地船舶携带贡品驶往苏美尔，其中包括来自黑人国度的麦鲁哈人，他们给纳拉姆辛王携带来奇珍异宝。[4]

　　古地亚王朝时期，两河流域与印度河流域继续保持直接的海上贸易。据古地亚铭文记载，他用麦鲁哈黑檀木（^{giš}esi）

　　① D. Frayne, *Sargonic and Gutian Periods（2334 - 2113 B. C. ）*, The Royal Inscriptions of Mesopotamia Early Periods 2, Toronto: University of Toronto Press, 1993, pp. 28 - 29.

　　② 文献 BIN 8 298，参见 S. Parpola, A. Parpola, R. H. Brunswig, "The Meluhha Village: Evidence of Acculturation of Harappan Traders in Late Third Millennium Mesopotamia?", *Journal of the Economic and Social History of the Orient*, 20/2（1977），p. 130。

　　③ D. Edzard, "Die Inschriften der altakkadischen Rollsiegel", *Archiv für Orientforschung*, 22（1968 - 1969），p. 15（No. 15. 33）.

　　④ me-luh-ha^{ki} lu_2 kur ge_6-ga-ke$_4$，参见 J. Cooper, *The Curse of Agade*, Baltimore: The Johns Hopkins University Press, 1983。

图 22　舒伊里述的滚印铭文

资料来源：G. L. Possehl, "Shu-ilishu's Cylinder Seal", *Expedition*, 48/1 (2006), p. 43.

为拉格什主神宁吉尔苏建造了神像，他还用麦鲁哈的金屑（ku₃-GI sahar-ba）为宁吉尔苏铸造了箭套（e₂-mar-uru₅）。此外，来自马干、麦鲁哈、古比和狄勒蒙的木材被用船运到拉格什。人们从马干、麦鲁哈的山上砍树，将木材扛下来，加入到古地亚队伍，到吉尔苏城，为宁吉尔苏建造神庙。古地亚为宁吉尔苏神建造的埃宁努神庙的耀眼光环直达天庭，普照大地四方，即使遥远的马干和麦鲁哈的高山也为之屈尊。铭文中还记载了用于建造宁吉尔苏神庙所需的红玉髓（gug-gi-rin-e me-luh-ha）也是来自于麦鲁哈。① 注意，在乌尔

① D. Edzard, *Gudea and His Dynasty*, The Royal Inscriptions of Mesopotamia Early Periods 3/1, Toronto: University of Toronto Press, 1997, pp. 34 – 42, 75 – 79.

王墓（乌尔第一王朝，约公元前 2350 年）出土了典型哈拉帕文化风格的红玉髓珠子，间接表明了可能在阿卡德王国之前的早王朝时期，两河流域已经开通了与印度河流域直接的海上国际商路。[①] 古地亚铭文中有关麦鲁哈的记录证据表明，麦鲁哈距离两河流域很远，且有海洋阻隔，两地之间需要通航；麦鲁哈多高山地，多树木；麦鲁哈盛产黄金（贵金属）和红玉髓（宝石）。除了出土的楔形文字文献记载的麦鲁哈与两河流域的海上贸易之外，在两河流域和狄勒蒙发掘的三十多件印度河流域风格的印章，也从侧面印证了这两个古老文明的贸易文化往来。[②]

乌尔第三王朝时期，两河流域与印度河流域的海上贸易由直接贸易转为间接贸易，位于波斯湾巴林岛的狄勒蒙成为二者贸易的纽带。[③] 乌尔第三王朝在时间上大致对应于印度河流域文明的晚期，可能随着印度河流域文明的衰亡，两大流域间长达几百年的直接海上贸易往来突然中断。[④] 当然少数证据表明，有限的海上贸易依然保持并主要分布在今印度西海岸的古吉拉特，这里可能是印度河流域文明的余晖。虽然在乌尔第三王朝时期麦鲁哈中断了与两河流域的直接海上

①　I. Habib, *A People's History of India 2: The Indus Civilization*, New Delhi: Tulika, 2002, p. 49.

②　B. Buchanan, "A 'Persian Gulf' Seal on an Old Babylonian Mercantile Agreement", in H. G. Güterbock, T. Jacobsen eds., *Studies in Honor of Benno Landsberger on His Seventy-Fifth Birthday April*, 21, 1965, Assyriological Studies 16, Chicago: University of Chicago Press, 1965, p. 204.

③　A. L. Oppenheim, "The Seafaring Merchants of Ur", *Journal of the American Oriental Society*, 74 (1954), p. 6.

④　R. H. Brunswig, "Radiocarbon Dating and the Indus Civilization", *East and West*, 25 (1975), pp. 111 – 145.

贸易，但是麦鲁哈和麦鲁哈民族并没有从楔形文字文献中彻底消失。值得注意的是，在乌尔第三王朝，许多来自印度河流域的麦鲁哈人渐渐在两河流域苏美尔地区定居下来，他们居住在吉尔苏—拉格什行省下设港口城市古阿巴（Guabba）的一个村庄里，这个村庄被称为"麦鲁哈村庄"（苏美尔语：e_2-duru$_5$ me-luh-ha）[①]。麦鲁哈村庄大约存在了 45 年，村庄内还设有专门的粮仓（i_3-dub）[②]，作为吉尔苏行省大麦的重要生产地和供货地，是行省和国家税收的重要保证之一，同时大麦作为工资支付给工匠和其他服务人员，保证了国家财政与薪酬制度的完善。除了麦鲁哈村庄和粮仓的记载外，在楔形文字文献中还记载了一个"麦鲁哈花园"（^{giš}kiri$_6$ me-luh-ha）[③]，这里盛产各类水果花卉，作为献给吉尔苏女神宁玛尔的供品。麦鲁哈花园隶属于宁玛尔神庙，它的出现表明了麦鲁哈人开始信仰两河流域的神灵，这是麦鲁哈人"苏美尔化"（Sumerianized）的重要体现。此外，许多麦鲁哈人

---

①　麦鲁哈村庄的苏美尔语写法分为全称和简称。全称写法是 e_2-duru$_5$ me-luh-ha "麦鲁哈村庄"，见文献 ITT 4 7157，MVN 6 154，MVN 7 420，Nisaba 18 41，PPAC 5 830；简写省略了"村庄"术语，即 me-luh-ha "麦鲁哈（村庄）"，见文献 HLC 3 368，UCP 9 – 2 – 1 65。以上文献均来自于吉尔苏，时间跨度从舒尔吉 32 年至舒辛 1 年。

②　麦鲁哈粮仓的苏美尔语写法分为全称和简称。全称写法是 i_3-dub e_2-duru$_5$ me-luh-ha^{ki} "麦鲁哈村庄粮仓"，见文献 CT 5 pl 36 – 37 BM 017751，Santag 7 167；简称写法省略了"村庄"术语，即 i_3-dub me-luh-ha "麦鲁哈粮仓"，见文献 Amberst 54，MVN 12 371，OTR 75，ASJ 3 152 107，BPOA 2 1881，ITT 2 705，TCTI 2 3666，MVN 13 223。以上文献均来自于吉尔苏，时间跨度从舒尔吉 48 年至舒辛 9 年。

③　^{giš}kiri$_6$ me-luh-ha ^{d}Nin-mar^{ki}-ka "神宁玛尔的麦鲁哈花园"，见文献 STA 19。

为自己或者为子孙起了苏美尔语名字。① 作为两河流域的新移民，麦鲁哈人在乌尔第三王朝时期逐渐消失了原有的民族性，加速了与苏美尔民族的融合及同化过程，这一现象被学界称为"麦鲁哈的苏美尔化"②。上述关于麦鲁哈村庄、麦鲁哈粮仓、麦鲁哈花园，以及带有苏美尔语人名的麦鲁哈人的记载，均出自乌尔第三王朝吉尔苏行省文献。在乌尔第三王朝其他地点出土文献中，有许多关于麦鲁哈的不同记载。乌玛行省文献中记载了用麦鲁哈"阿巴"木制成的王座。③伊里萨格里格文献记载了用大麦或香油给麦鲁哈人作为工资。④ 乌尔第三王朝首都乌尔出土的经济文献记载了末王伊比辛统治时期（尤其是伊比辛 15 年）来自麦鲁哈的特产⑤，

---

　　① Ur-^{d}Lama dumu Me-luh-ha "麦鲁哈之子乌尔兰马"（文献 OBTR 242，PPAC 5 612，UDT 64，ASJ 13 230 74，CT 3 pl 17 BM 14594，PPAC 5 323，MVN 22 181），其中乌尔兰马是一个苏美尔语名字，这里的麦鲁哈不是一个人名，而是特指乌尔兰马的父亲或母亲是麦鲁哈人或麦鲁哈裔；同理，Ur-^{d}Ig-alim dumu Me-luh-ha "麦鲁哈之子乌尔伊格阿里姆"（文献 Orient 16 88 131），乌尔伊格阿里姆是苏美尔语人名，而麦鲁哈非指人名，而指族裔；dumu me-luh-ha "麦鲁哈之子（某某）"（文献 TUT 154 1）；me-luh-ha dumu Ur-^{d}Na-ru$_2$-a "乌尔纳如阿之子麦鲁哈"（文献 ITT 1 1426，JESHO 20 145 12），在这里麦鲁哈也不是指人名，而是指族裔，乌尔纳如阿是一个苏美尔语人名，虽然他也是一个麦鲁哈人。以上文献均来自于吉尔苏。

　　② S. Parpola, A. Parpola, R. H. Brunswig, "The Meluhha Village: Evidence of Acculturation of Harappan Traders in Late Third Millennium Mesopotamia?", *Journal of the Economic and Social History of the Orient*, 20/2 (1977), pp. 150 – 152.

　　③ ^{giš}gu-za ^{giš}ab-ba me-luh-ha, 见文献 UTI 4 2849，AAICAB 1/3 pl 206 – 207 Bod S 138 和 Buffalo SNS11 – 2 125 2。

　　④ lu$_2$ me-luh-ha^{ki}-me "麦鲁哈人们"，见文献 Nisaba 15 371 和 Nisaba 15 951。

　　⑤ W. F. Leemans, *Foreign Trade in the Old Babylonian Period: As Revealed by Texts from Southern Mesopotamia*, Studia et Documenta ad iura orientis antique perinentia 6, Leiden: Brill, 1960, p. 161.

其中包括：铜①、"阿巴"木②、黄檀木（ᵍⁱˢmes）③ 和黑鹧鸪（dar）④。麦鲁哈作为印度洋—波斯湾贸易的最东端和起点，不仅直接出口本地物产，还在阿富汗的绍图盖伊建立商业居民点，垄断青金石和锡矿等珍贵资源，并转手出口到两河流域，赚取高额利润。

公元前 2004 年，乌尔第三王朝灭亡，两河流域与麦鲁哈的直接海上国际贸易中止，转为间接贸易，即需要通过狄勒蒙的中转站，狄勒蒙在这条贸易路线中的作用显得越来越重要，不过狄勒蒙的辉煌也没有持续很长时间。从大约公元前 1800 年开始，由于印度河流域文明衰落并最终灭亡，加上两河流域政治重心由南部转到北部，巴比伦和亚述的地位日益突出，昔日繁荣的波斯湾—印度洋海上国际贸易不久后终止。

乌尔第三王朝灭亡后，两河流域进入巴比伦文明和亚述文明时期。麦鲁哈这一名称很少出现在王铭和经济文献中，基本上只出现在辞典文献中。伊新王朝的一篇文献记载了来

---

① uruda me-luh-ha：文献 UET 3 368。

② ᵍⁱˢab-ba me-luh-ha：用来制作王座和剑鞘，文献 UET 3 430，UET 3 660，UET 3 703，UET 3 752，UET 3 828。

③ mes me-luh-ha：UET 3 818，UET 3 1498，UET 3 1241。关于 mes 木定义为黄檀木，参见 I. Gershevitch, "Sissoo at Susa", *Bulletin of the School of Oriental and African Studies*, University of London, 19/2 (1957), pp. 317 - 320。

④ dar me-luh-ha：UET 3 757，UET 3 761，UET 3 764，UET 3 768，UET 3 770。关于 dar 定义为黑鹧鸪，参见 N. Veldhuis, *Religion*, *Literature*, *and Scholarship*: *The Sumerian Composition Nanše and the Birds*, Leiden: Brill, 2004, pp. 233 - 234. 一说这种鸟读作 gun₃ me-luh-ha "麦鲁哈多彩鸟"，其中苏美尔语符号 gun₃ 等于 dar，参见 E. During Caspers, "And Multi-Coloured Birds of Meluhha", *Proceedings of the Seminar for Arabian Studies*, 20 (1990), pp. 9 - 16。

自麦鲁哈的"阿巴"木（^{giš}ab-ba me-luh-ha，文献 BIN 10 114），古亚述国王伊鲁舒马的年名记载王座由麦鲁哈"阿巴"木制成（文献 OIP 43 121）。[1] 从古巴比伦王国直到新巴比伦王国，阿卡德语作为官方语言，苏美尔语则是宗教语言和文学语言，当时人们为了学习苏美尔语之便，编撰了大量的苏美尔语或苏美尔—阿卡德语双语词典、词表，这些工具书性质的文献资料主要出土于尼普尔，也有少量出土于西帕尔、乌鲁克和拉尔萨。在这些资料中记载有不少与麦鲁哈相关的词条（主要是一些来自麦鲁哈的特产）：黑鹧鸪（dar me-luh-ha）[2]、红玉髓（^{na4}gug me-luh-ha）[3]、"阿巴"木（^{giš}ab-ba me-luh-ha）[4]、黄檀木（^{giš}mes me-luh-ha）[5]、铜（uruda me-luh-ha）[6]。

　　古代两河流域与印度河流域之间的海上国际贸易往来历

---

[1]　W. F. Leemans, *Foreign Trade in the Old Babylonian Period*: *As Revealed by Texts from Southern Mesopotamia*, Studia et Documenta ad iura orientis antique perinentia 6, Leiden: Brill, 1960, p. 125, 194.

[2]　dar me-luh-ha：见文献 P231266，P228354。

[3]　^{na4}gug me-luh-ha：见文献 OIP 11 179，Fs Klein 319，AUWE 23 170，BBV-OT 31。

[4]　^{giš}ab-ba me-luh-ha：见文献 P231237，EEN 306 CBS 12705，EEN 310 UM 29 – 13 – 075，EEN 332 N 4728，EEN 317 N 5140 +，EEN 312 HS 1629 +，EEN 304 N 5880，EEN 330 N 5229，EEN 312 HS 1646，EEN 325 N 4660，EEN 294 N 1361 +，EEN 313 HS 1806，PBS 11/3 p 276 CBS 06682，P230858，OIP 011 p 14 CBS 04837，OIP 11 141。

[5]　^{giš}mes me-luh-ha：见文献 EEN 320 N 5564，EEN 324 CBS 07904 +，EEN 297 CBS 09847 +，EEN 322 3N-T0909c，EEN 317 N 5140 +，EEN 302 CBS 06542，EEN 323 CBS 04823，EEN 320 UM 29 – 16 – 001，EEN 312 HS 1646，EEN 294 N 1361 +，EEN 313 HS 1806，EEN 314 HS 1827，OIP 11 157，OIP 11 141，P230923，MSL 7 177。

[6]　uruda me-luh-ha：见文献 MSL 7 211 V16 230 V06。

史悠久，比陆上丝绸之路和海上丝绸之路早了两千多年。[1]
至少从阿卡德王国开始，古代两河流域已经与印度河流域的
麦鲁哈开通了直接的海上国际商路。在古地亚王朝，两河流
域继续维持着与印度河流域的直接海上贸易。至乌尔第三王
朝时期，随着印度河流域文明的衰落，两河流域与印度河流
域的直接海上贸易中断，转为间接海上贸易，即以波斯湾的
狄勒蒙作为两者贸易的枢纽和中转站。

　　两河流域与印度河流域的海上国际贸易，是各自商品物
产的交流，它促进了双方经济的发展。两河流域地区出口到
印度河流域的物产有牛羊牲畜、羊毛、大麦、椰枣等。印度
河流域的麦鲁哈出口到两河流域的物产有麦鲁哈的黄檀木、
"阿巴"木、红玉髓、象牙和大象、黑鹧鸪、黄金和铜等。
此外，产自阿富汗巴达赫尚地区的青金石，通过陆路或河运
先被运到麦鲁哈港口货运中转站，然后再通过海运运输到两
河流域，构成了独特的"海上青金之路"。复次，两河流域
和印度河流域的贸易往来也促进了这两大古老文明间的文化
交流与融合，比如两河流域出土有许多印度河流域文明风格
的印章。

　　上古历史中印度河流域的海上国际贸易，具有十分重要
的历史意义。印度河流域位于西亚两河流域文明和东亚中华
文明的中心点，[2] 可能已经是东西方贸易文化交流的中转站。

---

　　[1]　M. Wheeler, *The Cambridge History of India*, *Supplementary Volume*：*The In-
dus Civilization*, Cambridge：Cambridge University Press, 1953, p. 15.

　　[2]　有关印度河流域文明经克什米尔与我国新疆和阗地区的玉石商路，参
见 I. Habib, *A People's History of India 2*：*The Indus Civilization*, New Delhi：Tulika,
2002, p. 47。

这条比丝绸之路还要早两千多年的国际贸易商路，将上古世界四大文明古国连接起来，共同推动着人类文明的不断进步与发展。

第四章 西路——地中海东岸商路

东地中海（Eastern Mediterranean）[①] 这一概念指的是地中海东岸的地区，包括叙利亚—巴勒斯坦、塞浦路斯岛（古称阿拉西亚）、埃及与希腊（见图23）。这一地理区域位于古代世界几大文明的交汇处与中心点，包括希腊文明、两河文明、埃及文明、叙利亚—巴勒斯坦文明等，各个文明间通过这里相互联系与相互影响，通过战争或和平方式（联姻与贸易等）。

两河流域平原虽然缺乏石材、木材和金属等自然资源，但是却十分适宜饲养牲畜，尤其是牛羊，在楔形文字文献中有大量的记载，其中羊毛（绵羊毛）作为两河流域的"特

[①] 古代东地中海世界的研究在学科领域方面包括亚述学、埃及学、赫梯学和西方古典学等多种学科的成果，研究内容方面包括政治史、经济史、社会史和国际关系等，但是关于古代东地中海贸易的专门研究在国内尚处于初级阶段。目前国内有关古代东地中海世界研究成果主要包括：刘健《东地中海地区古代民族的交流及其文化特性》，《上海师范大学学报》（哲学社会科学版）2006年第6期；郭丹彤《公元前1600年—前1200年古代东地中海世界的联盟和联姻》，《东北师大学报》（哲学社会科学版）2009年第6期；袁指挥《海上民族大迁徙与地中海文明的重建》，《世界民族》2009年第3期；孙宝国《阿玛纳时代的东地中海世界政治生态》，《上海师范大学学报》（哲学社会科学版）2017年第4期。

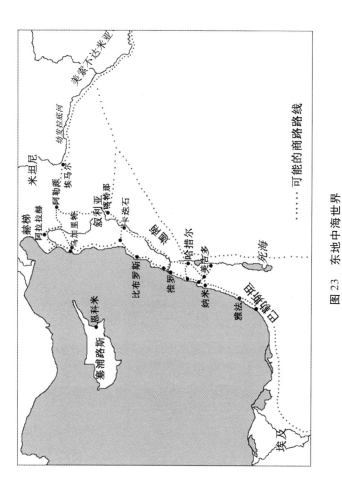

图 23 东地中海世界

资料来源：引自 K. J. Hesse, *Late Bronze Age Maritime Trade in Eastern Mediterranean: An Inland Levantine Perspective*, MA thesis, Uppsala University, 2008, p. 40.

产"，两河流域人们拿羊毛来同其他地区进行贸易，以换取两河流域缺乏的石、木、金属等资源。羊毛贸易以两河流域为起点，经叙利亚—巴勒斯坦（埃勃拉、乌加里特等地），从陆路向北到达安纳托利亚（赫梯），从海路跨越塞浦路斯岛到达爱琴海的希腊城邦（如克里特岛），构成了古代东地中海的羊毛商路网，在时间上大致从公元前2000年至公元前1000年。① 在今土耳其西部格里多亚角（Cape Gelidonya，约公元前1220年）和乌鲁布伦（Uluburun，公元前14世纪晚期）这两个地区发现的船骸，为东地中海商路研究提供了直接的证据，② 并且表明东地中海贸易的控制者并不是传统上认为"擅长航海"的希腊人，而是近东（尤其腓尼基地区）的商人。东地中海贸易纵贯石器时代、青铜时代和铁器时代，最后统一归为丝绸之路的世界贸易体系中，对东西方经济文化的交流与发展具有重要的历史意义。

第一节　叙利亚—巴勒斯坦

古代的叙利亚—巴勒斯坦地区大致相当于今天的叙利亚、黎巴嫩、约旦、以色列、巴勒斯坦，作为埃及与两河流

---

① C. Breniquet, C. Michel eds. , *Wool Economy in the Ancient Near East and the Aegean: From the Beginnings of Sheep Husbandry to Institutional Textile Industry*, Oxford and Philadelphia: Oxbow Books, 2014, pp. 1 – 11.

② J. D. Muhly, T. S. Wheeler, R. Maddin, "The Cape Gelidonya Shipwreck and the Bronze Age Metals Trade in the Eastern Mediterranean", *Journal of Field Archaeology*, 4 (1977), pp. 353 – 362; H. Katz, "The Ship from Uluburun and the Ship from Tyre: An International Trade Network in the Ancient Near East", *Zeitschrift des Deutschen Palästina-Vereins*, 124/2 (2008), pp. 128 – 142.

域、安纳托利亚之间的纽带，自古以来其战略地位尤为重要，发达的贸易路线连通了周边各大文明。从公元前 4 千纪中期开始，两河流域中的幼发拉底河就在连接波斯湾（印度洋）与东地中海（大西洋）的海上贸易方面发挥了重要的作用。苏美尔人在幼发拉底河上游（北部）河曲一带的"殖民"垄断控制了从波斯湾途经叙利亚港口直到埃及三角洲之间的贸易路线。① 从两河流域的楔形文字文献和进口的商品看，在公元前 3 千纪的苏美尔文明时期，海上贸易有明显的发展，主要有两个方向：一个是从波斯湾到东印度洋沿岸的印度河流域地区（麦鲁哈，见前面第三章第三节），另一个是沿幼发拉底河向上到达叙利亚—巴勒斯坦地区，再由沿海港口跨海驶向爱琴海诸岛（如塞浦路斯岛、克里特岛）以及埃及三角洲沿岸地区。后一条商路属于东地中海贸易组成部分。

一 雪松山

从公元前 3 千纪中期起，这条长途贸易的商路变得越来越重要。据苏美尔作品《吉尔伽美什和胡瓦瓦》记载，生活在约公元前 26 世纪的恩美卡之孙吉尔伽美什及其亲密伙伴恩奇都长途跋涉来到雪松山（今黎巴嫩），杀死守林怪胡瓦瓦，砍伐雪松并用船运回乌鲁克，② 这说明，在当时两河流

---

① P. R. S. Moorey, "From Gulf to Delta in the Fourth Millennium B. C.: The Syrian Connection", *Eretz-Israel*, 21 (1990), pp. 62 – 69.

② 有关《吉尔伽美什和胡瓦瓦》，参见 A. George, *The Epic of Gilgamesh: The Babylonian Epic Poem and Other Texts in Akkadian and Sumerian*, London: Penguin Books, 1999, pp. 149 – 165。

域与地中海东岸的木材贸易日盛。大约公元前 2350 年，阿卡德国王萨尔贡的文献中记载，他的控制区域从麦鲁哈（印度河流域）到东地中海沿岸的"雪松林"（Cedar Forest）和"银山"（Silver Mountain，阿玛努斯山），两地均位于今黎巴嫩，从东南到西北的麦鲁哈、马干、狄勒蒙、马里、亚尔姆提（Yarmuti）和埃勃拉，即从中亚的阿富汗经印度河流域到东地中海沿岸的跨区域商路。① 另据公元前 23 世纪的拉格什第二王朝统治者古地亚的铭文记载，古地亚为诸神（尤其宁吉尔苏神）修建神庙，为自己建造了许多闪长岩雕像（见图 24），其中建造神庙所需的大型木材来自于东地中海沿岸阿玛努斯山的雪松，闪长岩来自于波斯湾的马干，这说明了当时两河流域开通了由波斯湾到地中海的商路。②

二　埃勃拉

埃勃拉作为中转站，除了两河流域文献中记载了东地中海商路外，在叙利亚地区的古国埃勃拉（约公元前 2500—前 2000 年）出土的文献中，也有大量有关东地中海贸易的记录。③ 埃勃拉的兴起靠的就是商业和贸易，在其周边分布着若

---

①　H. Hirsch, "Die Inschriften der Könige von Agade", *Archiv für Orientforschung*, 20（1963）, pp. 37 – 38.

②　D. O. Edzard, *Gudea and His Dynasty*, The Royal Inscriptions of Mesopotamia Early Periods Vol. 3/1（RIME 3/1）, Toronto: University of Toronto Press, 1997.

③　M. C. Astour, "An Outline of the History of Ebla（Part 1）", in C. H. Gordon ed., *Eblaitica: Essays on the Ebla Archives and Eblaite Language*, Vol. 3, Winona Lake: Eisenbrauns, 1992, pp. 3 – 82; M. C. Astour, "An Outline of the History of Ebla（Part 2）", in C. H. Gordon ed., *Eblaitica: Essays on the Ebla Archives and Eblaite Language*, Vol. 4, Winona Lake: Eisenbrauns, 2002, pp. 57 – 196.

图 24　古地亚闪长岩雕像，现藏法国卢浮宫博物馆

干条商路，每条商路都有一个商业中心（阿卡德语：*karum* "据点"），由埃勃拉的王室代表（lugal）管理。商路的经营并不容易，许多商业中心为了同一条商路的控制权展开争斗。在世界上最早的国际条约——《埃勃拉—阿巴尔萨条约》中，制定了阿巴尔萨的商人使用埃勃拉商业中心的政策，作为两国贸易的准则。① 另一条主要的商路是埃勃拉到马里的商路。埃勃拉贸易的主要商品是纺织品和金属品。在埃勃拉文献中，只有埃勃拉出口商品的记载，却鲜有进口商品的记载，而由于埃勃拉同两河流域一样也缺乏自然资源，所以可以肯定，这些出口的商品应该先从其他地区进口原材料到埃勃拉，然后在此加工后再出口到其他地区。埃勃拉位于两河流域同周边地区的连接地带，很适合从事这种转口贸易，于是埃勃拉成为两河流域通往东地中海沿岸商路的必经之地和重要的贸易中转站，埃勃拉商人在此贸易中赚取高额利润。

埃勃拉在商路上的重要性引起了周边国家的嫉妒和不满，首当其冲的是地处幼发拉底河岸的马里，由于马里控制了两河流域到埃勃拉的商路，所以一定程度上抑制了埃勃拉的中转贸易，由此两国围绕着商路控制权展开了一系列冲突与战争。② 埃勃拉的另一个对手是位于两河流域北部的基什，

---

① H. Neumann, "Der Vertragzwischen Ebla und Abarsal", in B. Janowski, G. Wilhelm eds., *Texte aus der Umwelt des Alten Testaments*, *Neue Folge Band 2*: *Staatsverträge*, *Herrscherinschriften und andere Dokumente zur politischen Geschichte*, Gütersloh, 2005, pp. 2 - 9.

② Piotr Michalowski, "Third Millennium Contacts: Observations on the Relationships between Mari and Ebla", *Journal of the American Oriental Society*, Vol. 105, No. 2 (1985), pp. 293 - 302; Alfonso Archi, Maria G. Biga, "A Victory over Mari and the Fall of Ebla", *Journal of Cuneiform Studies*, Vol. 55 (2003), pp. 1 - 44.

它地处埃勃拉到两河流域南部的过渡地段，也与埃勃拉有过冲突，继基什而起的阿卡德王国最终打败了埃勃拉，也打通了两河流域与东地中海沿岸的直接贸易路线。

三　马里和喀特那

有许多商路贯穿其中，一条商路是从幼发拉底河中游河谷的马里城邦，途经帕尔米拉（Tadmar 或 Palmyra）到达地中海的商路尽头的喀特那（Qatna）；另一条商路从阿勒颇出发，远离幼发拉底河岸的埃马尔（Emar），途经哈拉卜（Halab）、喀特那和哈措尔直到埃及，途经的沙漠地带后来用骆驼来运输，形成了两河流域后期的骆驼商路。喀特那在锡商路中被提及，锡商路是从马里经喀特那到达东地中海，塞浦路斯的铜经其他商路运输到中东地区。另外，马里文献中提到，衣物、纺织品、珠宝、木材、葡萄酒和战车作为商品，经喀特那被运到马里，部分被转运到巴比伦。在喀特那发掘的一件镂空雕刻的狮头器皿（约公元前 1340 年，见图 25）是由从波罗的海地区进口的琥珀制成，而这种琥珀也在同时期的迈锡尼被发现，[①] 后来形成了中东地区另一条著名商路——琥珀之路。

公元前 2 千纪，两河流域与地中海的塞浦路斯岛、希腊的克里特岛和埃及三角洲的商路得到发展。

---

① P. Pfälzner, "Archaeological Investigations in the Royal Palace of Qatna", in D. M Bonacossi ed. , *Urban and Natural Landscapes of an Ancient Syrian Capital. Settlement and Environment at Tell Mishrifeh/Qatna and in Central-Western Syria* (*Proceedings of the International Conference held in Udine 9 – 11 December 2004*), Studi archeologici su Qatna 1, Forum Editrice Universitaria Udinese, 2007, p. 62.

MSH02G-i0759

图 25　琥珀制狮头器皿

资料来源：P. Pfälzner, "Archaeological Investigations in the Royal Palace of Qatna", in D. M. Bonacossi, ed., *Urban and Natural Landscapes of an Ancient Syrian Capital: Settlement and Environment at Tell Mishrifeh/Qatna and in Central-Western Syria*, Udine: Forum, 2007, p. 59.

第二节　塞浦路斯

塞浦路斯岛进入文明的时间与周边的埃及、两河流域和希腊相比要晚一些。在古代，塞浦路斯被称为阿拉西亚。对于古地名阿拉西亚等同于塞浦路斯，绝大多数楔形文字学者与古代近东学者达成了共识。在芝加哥大学所编著的《芝加哥亚述词典》的 A 词条第 1 部分中，将阿卡德语词 *alašu* 认

定为古地名阿拉西亚，进而定位为塞浦路斯。但是也有一些
学者持有不同意见，比如，斯特兰奇将阿拉西亚等同于卡夫
托尔或开弗提乌（Caphtor/Keftiu，简称 C/K），认为该地区
可能位于安纳托利亚、叙利亚和腓尼基的某地。[①] 这些学者
们大都缺乏古代近东文字（如楔形文字、象形文字、线形文
字）知识，无法从古文献中获得支持。不过，随着研究的深
入与新证据的不断出现，目前国际学界达成共识，即认为阿
拉西亚这一地名即等同于今天的塞浦路斯。

在古代，塞浦路斯以铜矿产地而著称。英文 copper
"铜"源于希腊语 Kupros 岛，即塞浦路斯岛或铜之岛。公元
前 4 千纪，塞浦路斯的铜已经得到开发。公元前 2 千纪，在
塞浦路斯，以锡和铜制成青铜。在公元前 19 世纪，马里文
献将塞浦路斯称为阿拉西亚（Alashiya，见图 23），并且成为
两河流域和埃及铜的主要来源地，这也开辟了塞浦路斯至埃
及和两河流域的铜商路。

作为古代世界著名的铜产地，大约公元前 1700—前
1400 年，塞浦路斯逐渐将贸易重心转向东部，即东地中海沿
岸，包括埃及和叙利亚—巴勒斯坦地区，但是依然维系着与
爱琴海地区的贸易联系。[②] 在青铜时代晚期，塞浦路斯维持

---

① A. Bernard Knapp, "Review of Alashiya, Caphtor/Keftiu, and Eastern Medi-
terranean Trade: Recent Studies in Cypriote Archaeology and History", *Journal of Field
Archaeology*, 12/2 (1985), pp. 231 – 250.

② Y. Portugali, A. Bernard Knapp, "Cyprus and the Aegean: A Spatial Analy-
sis of Interaction in the 17th – 14th Centuries B. C. ", in A. B. Knapp and T. Stech
eds. , *Prehistoric Production and Exchange: The Aegean and the East Mediterranean*,
UCLA Institute of Archaeology Monograph 25, Los Angeles: UCLA Institute of Archaeol-
ogy, 1985, pp. 44 – 78.

与叙利亚—巴勒斯坦和埃及的贸易联系。[1] 对于叙利亚—巴勒斯坦地区，乌加里特和阿拉拉赫是塞浦路斯的主要出口地和中转站，沟通塞浦路斯与更东部的两河流域地区的跨区域贸易。[2] 近东地区出口到塞浦路斯的商品多属于"奢侈品"，有珠宝、玻璃、彩陶、象牙、雪花石膏等。[3]

在公元前 1400 年以前，埃及、叙利亚—巴勒斯坦同塞浦路斯的贸易繁荣，但到了公元前 1200 年之后，塞浦路斯与叙利亚—巴勒斯坦的贸易减弱，近东文化对塞浦路斯的影响日削，反而爱琴海的希腊文化对塞浦路斯的影响逐渐增强，爱琴海希腊地区的陶器出口至塞浦路斯，塞浦路斯丰富的铜出口至各希腊城邦，[4] 希腊文化从此成为塞浦路斯的主

---

① Y. L. Holmes, "The Foreign Trade of Cyprus during the Late Bronze Age", in N. Robertson ed. , *The Archaeology of Cyprus*, Park Ridge: Noyes Press, 1975, pp. 90 – 110.

② V. Hankey, "Mycenaean Trade with the Southeastern Mediterranean", *Mélanges de l'Université Saint-Joseph*, 46 (1970 – 1971), pp. 11 – 30; V. Hankey, "Mycenaean Pottery in the Middle East: Notes on Finds since 1951", *Bulletin on Sumerian Agriculture*, 62 (1967), pp. 107 – 147; A. Bernard Knapp, "An Alashiyan Merchant at Ugarit", *Tel Aviv*, 10 (1983), pp. 38 – 45.

③ L. Åström, *Studies in the Arts and Crafts of the Late Cypriote Bronze Age*, Lund: Klassika Institutionen, 1967, p. 150; Y. L. Holmes, "The Foreign Trade of Cyprus during the Late Bronze Age", in N. Robertson ed. , *The Archaeology of Cyprus*, Park Ridge: Noyes Press, 1975, p. 93; M. Artzy, I. Perlman, F. Asaro, "Wheel-Made Pottery of the MC III and LC I Periods in Cyprus Identified by Neutron Activation Analysis", *Report of the Department of Antiquities, Cyprus*, 1976, pp. 20 – 28.

④ P. Åström, "Comments on the Corpus of Mycenaean Pottery in Cyprus", *Acts: MEM*, 1973, pp. 122 – 127; J. F. Cherry, J. L. Davis, "The Cyclades and the Greek Mainland in LC I: The Evidence of the Pottery", *American Journal of Archaeology*, 86 (1982), pp. 333 – 341; H. W. Catling, "Copper in Cyprus, Bronze in Crete: Some Economic Problems", *Acts: Cyprus and Crete*, 1979, pp. 69 – 75; J. D. Muhly, R. Maddin, T. S. Wheeler, "The Oxhide Ingots from Enkomi and mathiati and Late Bronze Age Copper Smelting on Cyprus", *Report of the Depart-ment of Antiquities, Cyprus*, 1980, pp. 84 – 99.

流文化，影响至今。

第三节　埃及

　　作为与两河流域文明几乎同时产生的另一世界古老文明，埃及很早就开辟了同两河流域地区的商路，这条商路以叙利亚—巴勒斯坦地区作为中转站，并且经过两河流域向东直到伊朗高原和阿富汗。阿马尔那发掘出了许多异域商品，证明了埃及的对外贸易。埃及墓葬中出土的青金石饰品，则是经伊朗和两河流域从遥远的阿富汗进口，青金石在古埃及社会弥足珍贵，青金石的天蓝颜色被埃及人所垂青，为了节省成本并且满足埃及人的强烈需求，于是聪明的古埃及人发明了一种人工合成颜色——埃及蓝，[①] 作为青金石的替代品。

　　埃及蓝是古埃及人对青金石蓝色与绿松石绿色的追求，又因为这两种矿物来自遥远的阿富汗与伊朗地区，十分昂贵，无法大量得到，所以人工制造出了埃及蓝这种颜料，主要用于陶器的表面、墓室壁画的蓝色（见图26），以及法老面具的蓝色。作为古埃及的瑰宝，埃及蓝也随着东地中海贸易路线，出口到了叙利亚—巴勒斯坦和两河流域地区。目前为止，阿卡德文献中没有关于埃及蓝的记录。不过，在乌尔王墓中发掘出玻璃糊状的珠子，年代大约是阿卡德王国，很可能是埃及蓝颜料涂制而成。[②] 公元前 2 千纪后期，在努孜

---

　　① 埃及蓝是古埃及人发明的一种人造颜料，由石英、方解石、黄铜与碱混合而成的粉末，加水稀释制成颜料，化学式是 $CaCuSi_4O_{10}$。

　　② C. L. Woolley, *Ur Excavations II：The Royal Cemetery*, London/Philadelphia：British Museum/Museum of the University of Pennsylvania, 1934, pp. 587 – 588.

图 26　埃及蓝涂制的河马雕像，现藏法国卢浮宫博物馆

发掘出土大量涂埃及蓝的熔块珠子，[1] 被镶嵌在加喜特巴比伦时期杜尔－库里加尔祖（Dur Kurigalzu）的一个黄金手链上。[2] 大约公元前1200年至前900年，埃及蓝出口到伊朗西北部的哈珊鲁地区，这个遗址连接了叙利亚和两河流域的商路。在哈珊鲁发掘出了涂埃及蓝的象牙制品。除了出口至两

---

　　[1]　R. F. S. Starr, *Nuzi：Report on the Excavations at Yorghan Tepe Near Kirkuk*, *Iraq*, *1927 – 1931*, Cambridge：Harvard University Press, 1939, p. 460.

　　[2]　R. Maxwell-Hyslop, *Western Asiatic Jewellery*, *c. 3000 – 612*, London：Methuen, 1971, p. 164.

河流域和伊朗，埃及蓝还沿着北线出口至安纳托利亚，在土耳其的戈尔迪（Gordion）发现了埃及蓝涂制而成的器皿。此外，在塞浦路斯岛也发现了埃及蓝涂制品。埃及蓝贸易沟通了整个东地中海世界，将叙利亚—巴勒斯坦、两河流域、伊朗、安纳托利亚、塞浦路斯等地区联系在一起，形成了东地中海贸易网。

第四节　希腊

古希腊文明是西方文明的摇篮，古希腊人在史前时代已经擅长航海，并且沿海长途跋涉至爱琴海诸岛屿（含塞浦路斯岛）、安纳托利亚西南部沿岸地区、埃及三角洲，以及东地中海沿岸的叙利亚—巴勒斯坦地区。海上商路连接埃及和希腊世界，迈锡尼风格的陶器在埃及多地的遗址被发现。在克里特文明时期，克里特与塞浦路斯、叙利亚—巴勒斯坦和埃及等地区的联系日益密切，克里特文化很多方面受到了埃及、叙利亚—巴勒斯坦和两河流域文明的影响。

由于远洋贸易在当时条件下无法进行，所以海上贸易都是沿海航行，许多东地中海沿岸地区成为港口和贸易中转站，比如叙利亚—巴勒斯坦地区的推罗、乌加里特，以及安纳托利亚西南部。早在公元前17世纪晚期，希腊本土已经进口来自近东的商品，包括青铜、黄金、宝石等饰品。同时，塞浦路斯与东地中海沿岸和埃及的贸易开展顺利。在克里特发现了埃及式样的物品，表明在公元前17世纪乃至更早期，克里特已经开通了与埃及的海上商路。①

　　米洛斯岛是爱琴海世界最重要的黑曜石产地，它的黑曜石主要出口至希腊本土和爱琴海诸岛，② 以及安纳托利亚西部沿海地区的希腊城邦。③ 东地中海的黑曜石贸易研究迄今已有半个多世纪。学者们主要关注不同的黑曜石产地、黑曜石从原产地到消费地所分布的贸易网、黑曜石工具制造地的分布及其与产地的距离关系，以及随着时间的推移黑曜石贸易网的变化。爱琴海、安纳托利亚、叙利亚—巴勒斯坦、塞浦路斯、两河流域地区经黑曜石这一共同使用的工具媒介，沟通为一个整体，都被纳入到东地中海贸易。

　　希腊世界的锡贸易可能有两个方向，一个是克里特岛的锡很可能是经由马里从两河流域东部的伊朗地区而来。而对于希腊本土的锡资源，可能有别的产地。据希罗多德的《历史》（Ⅲ 115）④ 记载，"至于欧罗巴最西面的地方，我不能说得十分确定。因为我不相信有一条被异族人称为爱里丹努斯的河流注入北海，而（据说）我们的琥珀就是从那里获取的；我也对生产我们所用的锡的锡岛一无所知。首先，爱里丹努斯这个名字本身，就明确表示它不是一个异邦的名字，

①　A. Furumark, "The Settlement at Ialysos and Aegean History c. 1550 – 1400 B. C. ", *Opuscula Archaeologica*, 6（1950），p. 261.

②　C. Perlès, *The Early Neolithic in Greece*, *The First Farming Communities in Greece*, Cambridge：Cambridge University Press, 2001.

③　C. Perlès, T. Takaoglu, B. Gratuze, "Melian obsidian in NW Turkey：Evidence for early Neolithic trade", *Journal of Field Archaeology*, 36/1（2011），pp. 42 – 49.

④　［古希腊］希罗多德：《历史》（新译本），徐松岩译，上海三联书店2008 年版，第 186 页。亦可参见［古希腊］希罗多德：《历史》，王以铸译，商务印书馆 2007 年版，第 244 页。

而是某位诗人所创造的希腊名字。其次，虽然我付出了大量
心力，我仍然不能找到一位亲眼目睹过欧罗巴的那边有海存
在的人。尽管如此，可以肯定的是，我们所得到的锡和琥珀
是来自于大地的远端"①。这段话透露了，古典时代的希腊人
应该知晓锡的产地。希罗多德含糊其辞地指出锡来自于欧洲
的某地，但是没有给出具体位置。他称，锡来自"锡岛"，
但他不知道"锡岛"的具体位置，甚至连它是否真实存在都
不肯定。在其他许多古典作家的作品中，"锡岛"也被时常
提及。② 经考证，这里的"锡岛"应该指的是英国康沃尔的
锡利群岛。③ 因此，锡商路从不列颠群岛到欧洲大陆，然后
一直向东到达希腊。西西里的狄奥多罗斯的《历史丛书》
（Bibliotheca Historica）（V. 22）记载了不列颠群岛与爱琴海
之间的锡贸易。希腊人用自己的葡萄酒、橄榄油和金属制
品，换取不列颠的锡。④

　　公元前 16 世纪和前 15 世纪早期是克里特与希腊大陆政
治、经济和文化扩张与发展的时期，迈锡尼在东地中海贸易
的作用越来越重要，这已是不争的事实。迈锡尼出口的商品
主要是陶器，而进口的商品包括各类珍贵原材料，如黄金、

　　①　M. Cary, E. H. Warmington, *The Ancient Explorers*, Harmondsworth：Penguin Books, 1963, p. 36；R. Carpenter, *Beyond the Pillars of Heracles：the Classical World Seen through the Eyes of Its Discoverers*, New York：Delacorte Press, 1966.

　　②　R. Dion, "Le problème des Cassitérides", *Latomus*, 11（1952）, pp. 306 – 314.

　　③　R. Carpenter, *Beyond the Pullars of Heracles：the Classical World Seen through the Eyes of Its Discoverers*, New York：Delacorte Press, 1966.

　　④　J. Carcopino, "Encore la route marseillaise de l'étain", in Pedro Bosch-Gimpera ed., *A Pedro Bosch-Gimpera en el septiagesimo aniversario de su nacimiento*, Mexico City：Instituto Nacional de Antropologia e Historia, 1963, pp. 85 – 93.

象牙和各种宝石等。① 公元前 14—前 13 世纪，东地中海世界对迈锡尼的陶器需求大增，导致了迈锡尼陶器的快速制造与标准化，制造出专门用于出口的陶器。② 直到青铜时代晚期（约公元前 12 世纪），爱琴海希腊城邦与东地中海的贸易再次繁荣，随着克里特文明的衰落，希腊本土的迈锡尼文明开始主导爱琴海与东地中海贸易，许多迈锡尼风格的陶器在小亚西海岸的特洛伊和米利都被发现，不久之后迈锡尼商品被出口至叙利亚—巴勒斯坦和埃及。随着迈锡尼文明的衰落，由迈锡尼主导的爱琴海—东地中海贸易告一段落，而近东文化对于希腊的影响却没有因此而停止。

上古时期东地中海世界的贸易体系在空间范围上包括两河流域、叙利亚—巴勒斯坦、塞浦路斯岛、埃及、爱琴海希腊城邦等地区，沟通了两河流域文明、叙利亚—巴勒斯坦文明、赫梯文明、古埃及文明、爱琴文明等几大古老文明。具体的商路有爱琴海诸岛到东方的埃及、叙利亚—巴勒斯坦和安纳托利亚地区，又经叙利亚—巴勒斯坦向东到达两河流域和伊朗等地；而东方的商品最远从印度河流域、中亚阿富汗地区经伊朗高原到达两河流域和安纳托利亚，又从两河流域中转到达叙利亚—巴勒斯坦，再经东地中海商路到达埃及、塞浦路斯直到爱琴海希腊城邦。通过东地中海世界的沟通，

---

① 在叙利亚—巴勒斯坦的 58 个遗址发掘出了迈锡尼风格的陶器，著名的包括卡尔凯美什、阿拉拉赫、乌加里特、喀特那、卡迭石、比布罗斯、西顿、哈措尔、美吉多、阿什克隆等，参见 J. Gilmore, *Mycenaean trade with the east Mediterranean*, MA thesis, Durham University, 1977, pp. 74–84。

② J. Gilmore, *Mycenaean Trade with the East Mediterranean*, MA thesis, Durham University, 1977, pp. 22–30.

古代近东各地的特产商品被交易到更远的希腊城邦，同样，希腊的特产也被交易到东方的近东地区，东西方世界在历史上第一次直接交流并不是兵戎相见的战争方式，而是和平友好的贸易伙伴。随着东西方贸易的演变，政治因素逐渐凸显。公元前 1274 年，埃及与赫梯的卡迭石战役将原本和睦相处的东地中海世界搅了个乱。后来出现的亚述帝国、波斯帝国的扩张政策，将东地中海纳入到了自己的政治版图，原先的国际贸易演变为帝国内部的贸易，原先受希腊人控制的贸易也逐渐转交近东人之手，贸易权力的转移也预示了政治军事势力的演变。近东文明再后来被希腊文明和罗马文明所代替，东地中海世界贸易再次回到西方人之手，最后随着丝绸之路的开辟，统一纳入到了更为广阔的世界贸易体系之中。

第五章　北路——安纳托利亚商路

安纳托利亚位于两河流域北部，是底格里斯河与幼发拉底河的发源地，自古以来经由两河水路与南部两河流域地区联系密切，在文明时代到来之后，安纳托利亚又深受两河流域文化的影响，赫梯人借用了苏美尔人的楔形文字系统，创制了赫梯楔形文字，加入到了楔形文字文化圈。在自然资源方面，两地有着极大的互补性，这成为两地间贸易发展的先决条件。安纳托利亚作为黑曜石的主要产地之一，同时也是黄金、白银等贵金属的产地；而两河流域以农业为主，缺乏金属、石材和木材等自然资源，却有丰富的牛羊等牲畜（羊毛）与大麦、小麦等粮食资源，两地之间直接的贸易便是各自优势资源的互补（见图27）。历史上，安纳托利亚同两河流域地区的商路主要包括史前的黑曜石商路和古亚述时期的商路。

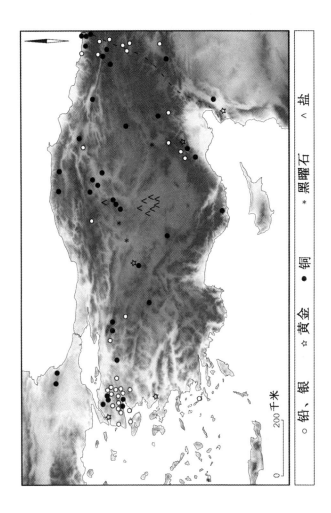

○ 铅、银　☆ 黄金　● 铜　* 黑曜石　∧ 盐

图 27　安纳托利亚资源分布

资料来源：B. S. Düring, *The Prehistory of Asia Minor: From Complex Hunter-Gatherers to Early Urban Societies*, Cambridge: Cambridge University Press, 2011, p. 9.

第一节　史前黑曜石商路

黑曜石①作为史前人类利用的最主要的工具原料之一，几乎遍布整个中东地区以及东地中海沿岸一带。在古罗马博物学家老普林尼的《自然史》（*Natural History*）一书中，已经明确记载了黑曜石，其英文名 obsidian 正是源自于拉丁语 *Obsius*。对于黑曜石的研究，包括这种矿物的物理特性、化学成分及其特征研究，考古年代学上对该矿物所制工具的断代研究，黑曜石的产地及历史地理分布研究、黑曜石样品的统计学研究，以及由此引起的黑曜石贸易商路研究。如果说前面几项可以归属于自然科学研究范畴的话，那么最后关于黑曜石贸易的研究则属于社会科学与人文科学的研究范畴。对黑曜石贸易②的探索，是跨学科领域的研究，是自然科学与社会科学、人文科学相结合的研究。

对于史前贸易的考察，由于缺乏文献文本资料，因此考

---

① 黑曜石（Obsidian）是一种常见的黑色宝石、火山晶体，又称"龙晶""十胜石"，是在更新世时期从火山喷发流出来的岩浆突然冷却后形成的天然琉璃，属于非晶质的宝石，其主要成分为二氧化硅（SiO_2），大约占70%，通常呈黑色或绿色（颜色的深浅主要是由矿物中杂质含量不同造成的），主要分布在美国的夏威夷、亚利桑那和新墨西哥，以及欧洲的冰岛、匈牙利、意大利、希腊，非洲的埃塞俄比亚，拉美的墨西哥、厄瓜多尔，在中东地区主要分布在土耳其境内和亚美尼亚地区。黑曜石具有玻璃特性，敲碎后断面呈贝壳断状口，十分锋利，所以在史前时代，它最早被人类用于砍伐、切割的工具，是新石器时代人类最早使用的石制工具之一。

② 所谓的黑曜石贸易，不同于文明时代有文字文本记录以及贸易相关遗址遗迹等证据链，学术界判断黑曜石贸易的依据主要是通过对发现地（储存地）黑曜石样品的微量元素检测，进而确定黑曜石的原产地，即可断定黑曜石发现地与原产地之间存在着贸易往来，至少是转运关系。

古学、地质学资料成为仅有的证据。从地质学上确定矿藏的产地，如果在非产地也发现或发掘出该矿藏产品，则说明了这是从另一地输入的，进而证明了该产品在两地之间可能存在着原始贸易。这种地质学、考古学证据考察法不仅适用于史前时代，也适用于后来的文明时代。

安纳托利亚黑曜石有多个产地，主要位于阿克萨雷—内夫谢希尔—尼代（Aksaray-Nevsehir-Nigde）的三角地带。[①] 黑曜石主要出口到叙利亚—巴勒斯坦[②]和塞浦路斯岛，只有少部分出口至两河流域，但没有到达伊朗地区，伊朗的黑曜石是从亚美尼亚进口的。亚美尼亚地区产的黑曜石主要出口至两河流域和伊朗地区，并且经这两地转运至波斯湾沿岸（见图28）。

在旧石器时代晚期和新石器时代早期，东地中海的黑曜石分布网已经形成，黑曜石贸易得到发展。在史前石器时代，黑曜石被制作成砍削工具。由于不同产地黑曜石的物质成分各异，这使得科学家们可以通过测量黑曜石的物质化学成分等技术方法来探究黑曜石的具体来源与产地，从而根据不同产地黑曜石的分布情况来窥探远古文字产生之前时代的黑曜石贸易。所以说，在文字发明之前的史前时代，对黑曜

---

① J. E. Dixon, "Obsidian Characterization Studies in the Mediterranean and Near East", in R. E. Taylor ed., *Advances in Obsidian Studies: Archaeological and Geochemical Perspectives*, Park Ridge (NJ): Noyes Press, 1976: fig. 15. 9; M. J. Blackman, "Provenance Studies of Middle Eastern Obsidian from Sites in Highland Iran", in J. B. Lambert ed., *Archaeological Chemistry III*, Washington, D. C.: American Chemical Society, 1984: fig. 7.

② S. A. Rosen, R. H. Tykot, M. Gottesman, "Long distance trinket trade: Early Bronze Age obsidian from the Negev", *Journal of Archaeological Science*, 32 (2005), pp. 775 - 784.

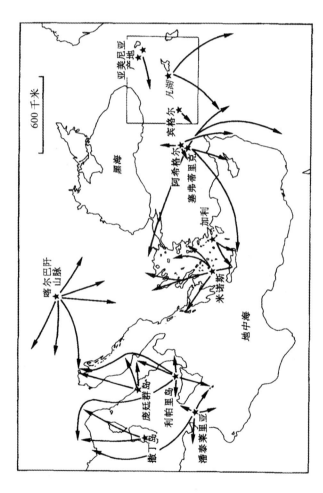

图 28 古代近东黑曜石区域划分

资料来源：引自 O. Williams-Thorpe, "Review Article: Obsidian in the Mediterranean and the Near East: A Provenancing Success Story", *Archaeometry*, 37/2 (1995), p. 227.

石商路的探索只能依赖于考古学、地质学、物理化学等跨学科知识，尤其是靠自然科学的技术手段来完成的。这与文明时代商路的探讨主要依赖于文字文本材料的方式形成了鲜明的对照。黑曜石工具在近东地区应用广泛，而到了文明时代，金属工具使用逐渐替代石器工具，黑曜石的用途转为主要制造成私人饰品和奢侈物等。

第二节　古亚述商路

古亚述贸易指公元前 19 世纪开始的古亚述商人与安纳托利亚地区进行的跨区域长途贸易，历时几个世纪之久，影响之深远为古代世界最著名的跨区域贸易之一。

亚述位于两河流域北部地区，是沟通南部巴比伦尼亚和安纳托利亚的桥梁。在古亚述时期，亚述商人在安纳托利亚建立起若干居民点（殖民地），从事长途跨境贸易，史称古亚述殖民贸易，它连接今伊拉克北部、叙利亚北部和土耳其中部的广大地区（见图 29）。古亚述文献资料中，亚述商人记录了他们的装运货物、费用和商业合同，在过去的一个多世纪里，学者们不懈努力发掘、翻译和出版了大量文献与考古证据，为我们勾勒了一幅古亚述跨区域贸易长卷。

有关古亚述贸易的文献资料，主要来源于两个地点：亚述古都阿舒尔和安纳托利亚的卡尼什（Kanesh）。这些文献都是使用阿卡德语楔形文字的古亚述方言书写，时间跨度大约从公元前 1930 年至前 1775 年。其中，阿舒尔文献数量不多，大致包括三类，王室铭文、印章铭文和名年官表。阿舒尔发现的其他文献类型数量比较少，大多涉及私人档案或者

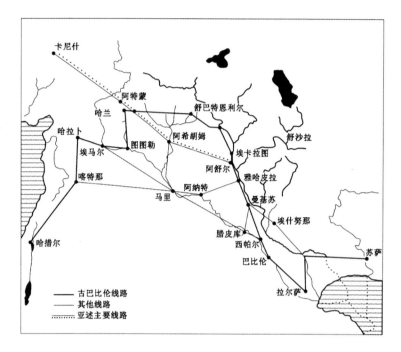

图 29　古亚述贸易路线分布

资料来源：引自 M. Liverani, *The Ancient Near East: History, Society and Economy*, London and New York: Routledge, 2014, p. 214.

私人交易等经济文献。① 此外，还有少数与古亚述贸易相关

　　① V. Donbaz, "More Old Assyrian tablets from Aššur", *Akkadica*, 42 (1985), pp. 1 – 23; O. Pedersén, *Archives and Libraries in the City of Assur. A Survey of the Material from the German Excavations*, *Pt. 1*, Studia Semitica Upsaliensia 6, Uppsala: Almqvist & Wiksell, 1985, p. 99; O. Pedersén, "Remains of a Possible Old Assyrian Archive", *Mitteilungen der Deutschen Orient-gesellschaft zu Berlin*, 121 (1989), pp. 135 – 138; O. Pedersén, "Use of Writing Among the Assyrians", in H. Waetzoldt, H. Hauptmann eds., *Assyrien im Wandel der Zeiten. XXXIXe Rencontre Assyriologique Internationale, Heidelberg 6. – 10. Juli 1992*, Heidelberger Studien zum Alten Orient 6, Heidelberg: Heidelberger Orientverlag, 1997, p. 140; P. A. Miglus, "Untersuchungen zum Alten Palast in Assur", *Mitteilungen der Deutschen Orient-gesellschaft zu Berlin*, 121 (1989), p. 107.

的文献来源于两河流域北部的尼尼微和努孜地区。①

一　贸易组织与管理

对于古亚述贸易而言，最为重要的文献资料来自于安纳托利亚中部的卡尼什。卡尼什包括许多商业殖民地或居民点，在阿卡德语中，这些较大的居民点被称为"卡鲁姆"（*kārum*，意为"港口"），较小的居民点被称为"瓦巴尔图姆"（*wabartum*，"贸易站"）。② 卡尼什遗址的发掘不仅为研究赫梯国家历史文化提供了重要史料，更为研究古亚述贸易提供了最为关键的资料。安纳托利亚出口黑曜石等石材和金银等贵金属到两河流域，进口两河流域的羊毛和粮食。此外，两河流域还作为中转站，将从其他地区进口的资源转手交易到安纳托利亚，进行间接贸易，比如两河流域从阿富汗进口青金石、红玉髓和锡等资源，从波斯湾沿岸的马干进口铜资源，然后将其交易到安纳托利亚，换取金银。这一系列的贸易形式构成了两河流域北线商路的主流。贸易核心是，阿舒尔在跨区域贸易中发挥的主导和中转作用（见图30）。

---

① J. Reade, "The Ishtar Temple at Nineveh", *Iraq*, 57/1（2005）, p. 358；J. Lewy, "Notes on the Pre-Hurrian Texts from Nuzi", *Journal of the American Oriental Society*, 58（1938）, pp. 450 – 461；D. I. Owen, "An Old Assyrian Letter from Nuzi", in D. I. Owen, Gernot Wilhelm eds. , *Studies on the Civilization and Culture of Nuzi and the Hurrians*, Vol. 7, Bethesda：CDL Press, 1995, pp. 65 – 67.

② H. Oguchi, "Trade Routes in the Old Assyrian Period", *Al-Rafidan*, 20（1999）, pp. 85 – 106；T. Bryce, *Kingdom of the Hittites*. Oxford：Oxford University Press, 2005, p. 37.

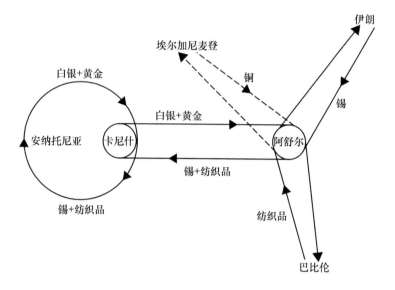

图 30　古亚述贸易组织形式示意

资料来源：引自 M. Liverani, *The Ancient Near East*: *History*, *Society and Economy*, London and New York: Routledge, 2014, p. 214.

　　古亚述贸易的独特之处在于其组织和管理模式。亚述商人住在安纳托利亚的居民点，有自己的长期住处，但是他们的妻子和儿女不是随他们一同住在安纳托利亚，而是一直住在亚述本土的阿淑尔城家中，从事加工制作纺织品工作，然后由丈夫将纺织品和羊毛原料运送到安纳托利亚的卡尼什等地进行贸易，换取安纳托利亚所产的黄金和白银。此外，亚述商人还从事中转贸易，两河流域缺乏金属和石料等资源，亚述商人将产自阿富汗的锡、产自马干和伊朗等地的铜转运到卡尼什，换取金银。

　　古亚述贸易的另一个独特之处在于其管理。公元前 1960 年左右，亚述商人在安纳托利亚建立了大一点的"卡鲁姆"

（*kārum*）商业殖民地和小一点的"瓦巴尔图姆"（*wabar-tum*）商业殖民据点，并且向当地统治者缴税。① 阿卡德语 *kārum* 本意为"码头、港口、商业区"，来自苏美尔语 kar "（港口）要塞、防水堤"，指的是公元前 20 世纪至前 18 世纪古亚述商人在安纳托利亚的贸易或商业据点，"卡鲁姆"和"瓦巴尔图姆"的数目大概有 40 个，其中"卡鲁姆"至少有 23 个，以卡尼什最为著名，"瓦巴尔图姆"大概有 15 个。当赫梯帝国建立之后，"卡鲁姆"这种商业殖民地类型不再存在。在公元前 2 千纪，货币还没有正式出现，不过亚述商人已经使用黄金结算批发贸易，使用白银用于零售贸易。

二 商品种类

古亚述贸易的一般方式是，亚述商人将亚述本土的纺织品、羊毛和粮食，以及来自其他地区转运的锡和青金石等运到安纳托利亚（以卡尼什为主），卖掉之后，再从那里购买金、银、铜等，将其运回亚述再进行贸易。

（一）亚述本土商品

纺织品贸易在古亚述贸易中占据重要地位。古亚述文献记载了纺织品的来源、种类、形状、材料、质量、尺寸及价格等详细信息。② 除了这些基本信息，文献中还记录了安纳托利亚当地统治者对这些进口的纺织品征收 5% 的税，

---

① S. Lloyd, *Ancient Turkey*, Oakland: University of California Press, 1999, pp. 18 – 19.

② K. R. Veenhof, *Aspects of Old Assyrian Trade and its Terminology*, Leiden: Brill, 1972, pp. 79 – 218.

称 *nishatu* 税，另外征收 10% 的优先购买权税，称 *išrātum* "什一税" 或 *ša šimim* "要买的那些"，还有其他的税目，所以亚述的纺织品到达安纳托利亚之后，大概要扣除一半之多作为税收，即使这样，商人们还是有利可图。[①] 有学者认为，*kārum* 官方享有纺织品的优先购买权，因为当地王公通过殖民当局来购买纺织品，优先购买纺织品的数量略有不同，基本维持在总量的 10% 左右，这体现了安纳托利亚当地王室与亚述政府之间的密切关系。[②] 除了亚述本地生产的纺织品之外，亚述商人还从南部的巴比伦尼亚地区和其他地区进口纺织品，然后中转交易到安纳托利亚，以获取更大的利润。

羊毛（苏美尔语：siki，阿卡德语：*šīpātu*）是古代两河流域的主要自产商品之一，亚述商人一方面从自己本土生产羊毛，另一方面到南部的巴比伦尼亚地区、幼发拉底河中游的马里和迪亚拉河流域去收购羊毛，然后一起运输到安纳托利亚卖掉，这就一同构成了古亚述的羊毛贸易。古亚述羊毛贸易主要涉及羊毛的价格、数量、来源以及交易对象等。[③] 羊毛贸易与铜贸易合二为一，亚述商人将羊毛运到安纳托利亚卖掉，换回金银后将其运回阿舒尔。有时，当阿舒尔的羊

[①] 国洪更：《亚述赋役制度考略》，中国社会科学出版社 2015 年版，第 101—108 页。

[②] J. G. Dercksen, *Old Assyrian Institutions*, *MOS Studies 4*, Publications de l'Institut historique-archéologique néerlandais de Stamboul 98, Leiden: Nederlands Instituut voor het Nabije Oosten, 2004, p. 173.

[③] J. G. Dercksen, *The Old Assyrian Copper Trade in Anatolia*, Publications de l'Institut historique-archéologique néerlandais de Stamboul 75, Leiden: Nederlands Instituut voor het Nabije Oosten, 1996, p. 125.

毛价格大涨时，亚述商人还会将安纳托利亚的廉价羊毛运回阿舒尔，然后高价卖出。①

（二）它地转运商品

锡出现在楔形文字文献中，其对应的苏美尔语为 an-na，阿卡德语为 *annukum*。② 有关锡矿的产地，学术界存在许多争议，有的学者认为锡源于伊朗西部大不里士（Tabriz）以东的扎格罗斯山，经由库尔德南部到达阿舒尔，③ 也有的学者认为锡源于阿富汗东北部或者乌兹别克斯坦，连同那里的青金石一起经由苏萨到达阿舒尔。④ 另据文献记载，锡随"低地国家"商队而来，这里的"低地国家"很可能指的是埃什努那南部地区，锡从那里经由德尔平原到达阿舒尔。⑤

---

① D. Charpin, J. -M. Durand, "Aššur avant l'Assyrie", *Mari*, *Annales de Recherches Interdisciplinaires*, 8 (1997), p. 377.

② P. Garelli, *Les Assyriens en Cappadoce*, Paris：Librairie Adrien Maisonneuve, 1963；B. Landsberger, "Tin and Lead：The adventures of two vocables", *Journal of Near Eastern Studies*, 24 (1965), pp. 285 – 296；J. D. Muhly, *Copper and Tin：The Distribution of Mineral Resources and the Nature of the Metals Trade in the Bronze Age*, Transactions of the Connecticut Academy of Arts and Sciences 43, New Haven：Archon Books, 1973, p. 5.

③ M. T. Larsen, *Old Assyrian Caravan Procedures*, Publications de l'Institut historique-archéologique néerlandais de Stamboul 22, Leiden：Nederlands Instituut voor het Nabije Oosten, 1967, p. 4；持不同意见者，参见 J. Eidem, J. Laessøe, *The Shemshara Archives 1*, *The Letters*. Historisk-filosofiske Skrfiter 23, Det Kongelige Danske Videnskabernes Selskab, København, 2001, p. 29。

④ J. G. Dercksen, "Metals According to Documents from Kültepe-Kanish Dating to the Old Assyrian Colony Period", in Ünsal Yalšin ed. , *Anatolian Metal*, *III*, *Der Anschnitt*, *Beiheft 18*, Bochum：Deutsches Bergbau-Museum, 2005, p. 19.

⑤ E. Bilgiç, et al. , *Ankara Kültepe Tabletleri*, *III*, Stuttgart：Franz Steiner Verlag Wiesbaden, 1995, pp. 73 – 74；J. G. Dercksen, *Old Assyrian Institutions*, *MOS Studies 4*, Publications de l'Institut historique-archéologique néerlandais de Stamboul 98, Leiden：Nederlands Instituut voor het Nabije Oosten, 2004, p. 28.

锡在古亚述贸易中占据十分重要的地位，一是因为这是阿舒尔的中转贸易，锡贸易连接了阿舒尔与安纳托利亚之外，还有锡的产地，这种中转贸易也是古亚述贸易的重要组成部分。二是因为锡和铜的合金冶炼成为青铜，铜是安纳托利亚的主要资源，一旦有了锡，就可以冶炼青铜，这是安纳托利亚地区十分重视的贸易，青铜被大量制造出来，又被交易到中东其他地区，开启了青铜时代。据马里文献记录，锡首先被制作成平板状锡锭便于运输，一片锡锭大约重9磅，而苏萨的锡锭每片重 10.75 磅，3 片 32.25 磅重与古亚述每片锡锭的"标准重量"相同，① 做成这样的锡锭主要是为了便于用驴驮运输。

锡在近东一直作为比较稀有的外来物质。据文献记录，锡商路主要有两条：一条从阿舒尔到安纳托利亚的卡尼什，另一条从幼发拉底河岸的马里到叙利亚—巴勒斯坦。公元前2 千纪早期的文献记载，古亚述商人控制了到达安纳托利亚中部的锡商路，在那里建立了若干"殖民"据点（kārū）。② 他们将购买来的锡，连同自己的纺织品运到安纳托利亚卖掉，并且购买那里的白银和黄金，运回亚述再卖掉，他们两次买卖都是暴利，盈利率百分之百。那么问题是，亚述商人从哪里购买锡呢？换句话说，亚述商人购买的锡产自哪里？有证据表明，亚述人所购买的锡来源于亚述东部、乌尔米亚湖与里海之间的地区，锡从那里经扎格罗斯山北部，沿着底

----

① E. Bilgiç, et al., *Ankara Kültepe Tabletleri*, III, Stuttgart: Franz Steiner Verlag Wiesbaden, 1995, p. 49.

② 关于古亚述时期的贸易情况，详见第四章内容。

格里斯河南下被带到亚述。①

古亚述的锡贸易大概持续了一个世纪（约公元前1950—前1850年）。公元前18世纪早期，马里文献记载了古巴比伦时期的锡贸易。② 锡沿着幼发拉底河被运到叙利亚东部的马里，然后经过再分配或者中转，被交易到东地中海地区，自北向南从卡尔凯美什到哈措尔。这些锡又是来自何地呢？马里文献可能会给出一些提示。据一篇文献中记载，某次贸易中有16塔兰特的锡被运送到阿勒颇和哈措尔等地。这些负责运送的人来自东地中海沿海地区，③ 他们住在东地中海岸的乌加里特，这可能暗示了从两河流域的马里到希腊的克里特之间的锡商路。据另一篇马里文献记载，29头驴和44人的商队，携带锡从迪亚拉河流域的埃什努那到马里，这条锡商路途经苏萨、德尔、埃什努那、西帕尔和马里。从文献中，我们大致可以复原当时的锡商路，即从伊朗的苏萨或安山到达两河流域的马里，再从马里经东地中海沿岸一路向西到达克里特岛。

如前文所述，两河流域青金石的原产地已经很明确，即位于阿富汗的巴达赫尚地区。青金石到达两河流域北部亚述地区之后，中转被交易到安纳托利亚地区，成为古亚述贸易

① J. D. Muhly, "Tin Trade Routes of the Bronze Age: New evidence and new techniques aid in the study of metal sources of the ancient world", *American Scientist*, 61/4 (1973), p. 407.

② J. M. Sasson, "A sketch of North Syrian economic relations in the Middle Bronze Age", *Journal of the Economic and Social History of the Orient*, 9 (1966), pp. 161 – 181; W. F. Leemans, "Old Babylonian letters and economic history", *Journal of the Economic and Social History of the Orient*, 11 (1968), pp. 171 – 226.

③ J. Strange, *Caphtor/Keftiu: A New Investigation*, Leiden: Brill, 1980.

的组成部分。在古亚述语中，青金石被称为 *husārum*，它同锡一起由商队运到阿舒尔，并且由阿舒尔的市政厅垄断专卖权。卡尼什的 *kārum* 局对从阿舒尔进口来的青金石要征收 10% 的"什一税"（*išrātum*），比如青金石在阿舒尔时的价格等于白银价格的一半，而到了安纳托利亚之后，其价格涨到白银价格的二至三倍。为了便于运输和交易，青金石会提前被制作成几磅重的小块，最大块的青金石重 12 磅，它们被用来制造印章、装饰品、杯子以及镶嵌等。①

（三）安纳托利亚商品

古亚述贸易中的黄金和白银都来源于安纳托利亚本地，它们也是亚述商人交易获取的主要商品对象。亚述商人将黄金和白银一同运到亚述地区。据文献记载（VS 26，71），卡尼什商人告诉他在阿舒尔的代理说，他发送了 17 米纳白银和 2 米纳黄金到阿舒尔。安纳托利亚的黄金被亚述商人运到阿舒尔的市政厅，在那里进行交易或者确定新的购买价格。在文献中，特意给黄金加了修饰语"运到（阿舒尔）市厅的黄金"（*hurāşum ša harrān ālim*），说明了黄金在阿舒尔的重要地位。据阿舒尔市政厅的一份判决记载，亚述商人垄断黄金贸易，实行黄金专卖制度，严禁非亚述人从事黄金贸易，并且严禁将黄金卖给阿卡德人、苏巴里人和阿摩利人，否则将会被判死刑。这显然是一种保护主义措施，说明了黄金资

---

① C. Michel, "La lapis-lazuli des Assyriens au début du IIe millenaire av. J. - C. ", in W. H. van Soldt, et al. eds. , *Veenhof Anniversary Volume. Studies Presented to Klaas R. Veenhof on the Occasion of his Sixty-fifth Birthday*, Publications de l'Institut historique-archéologique néerlandais de Stamboul 89, Leiden: Nederlands Instituut voor het Nabije Oosten, 2001, pp. 341 - 359.

源的重要性与特殊性，因为亚述商人要用黄金来交换埃兰的锡，故黄金又具有了一般等价物的特性。①

　　铜由安纳托利亚出口至阿舒尔的贸易，是古亚述贸易中最主要的方式之一。在铜贸易过程中，亚述商人根据不同的铜产地，开辟了若干条商路，其中有直接贸易，也有间接贸易。亚述商人将从阿舒尔进口的锡和纺织品卖掉，并在铜价比较便宜的地区购买铜，然后再把买来的廉价铜运到另一地，高价卖掉以换取白银和黄金，这是他们进行铜贸易的最终目的。简言之，亚述商人在安纳托利亚进行铜的转口贸易，根据不同地区的差价来获取利润，这也是古亚述铜贸易的一大特色。购买亚述商人铜的客户主要是安纳托利亚的当地贵族王公，当然也有当地的铜商人或锻工，而当地的铜商人从亚述商人那里购买到铜之后，又进行转手贸易。锡和铜都出现在安纳托利亚地区，所以这也预示了锡和铜的合金——青铜被冶炼出来，而奇怪的是，古亚述文献并没有亚述商人从事青铜贸易的记载。不过考古证据表明，在卡尼什和阿舒尔的家庭里已经开始使用青铜器。此外，在安纳托利亚机构中，还专门设有"青铜主管"（*rabi siparrim*）一职，②

---

　　① K. R. Veenhof, " ' In accordance with the words on the stele' : Evidence for Old Assyrian Legislation", *Chicago-Kent Law Review*, 70/4（1995）, p. 1733; K. R. Veenhof, "Trade and Politics in Ancient Aššur, Balacing of Public, Coloial and Entrepreneurial Interests", in C. Zaccagnini, et al. eds. , *Trade and Politics in the Ancient World*, Saggi di Storia Antica 21, Rome, 2003, p. 95; J. G. Dercksen, *Old Assyrian Institutions*, Publications de l'Institut historique-archéologique néerlandais de Stamboul 98, Leiden: Nederlands Instituut voor het Nabije Oosten, 2004, p. 86.

　　② J. Lewy, "Some Aspects of Commercial Life in Assyria and Asia Minor in the Nineteenth Pre-Christian Century", *Journal of the American Oriental Society*, 78（1958）, p. 95.

但是对于古亚述的青铜贸易，至今还没有确切的证据。

两河流域与安纳托利亚高原之间的贸易往来由来已久，最早可以追溯到旧石器时代晚期至新时期时代早期的黑曜石贸易。在公元前 7 千纪的新石器时代，产自安纳托利亚东部和高加索山脉的黑曜石，已经在两河流域被普遍制作成砍削器等实用工具，这是人类最初为了提高生产力和劳动生产所进行的资源贸易活动。关于黑曜石广泛分布于各地到底是不是由贸易引起的，或者到底存在不存在黑曜石贸易，我们尚不能做出准确的解释。公元前 5 千纪的欧贝德文化时期，欧贝德风格的陶器在安纳托利亚南部和叙利亚北部被发现，表明两河流域北部已经同更北部的安纳托利亚和叙利亚地区有了简单的贸易往来。公元前 4 千纪的乌鲁克文化期，两河流域的贸易中心由北部转到南部，两河流域南部的苏美尔人逐渐步入文明社会。他们逐渐认识到资源的战略重要性，通过建立前哨基地来控制资源，为了获取安纳托利亚的铜资源，苏美尔人在土耳其的哈希奈比丘建立殖民点。在整个乌鲁克文化时期，两河流域南部的苏美尔地区由于缺乏石材、金属和大型木材等原材料，急需同安纳托利亚、伊朗地区和更远的印度河流域进行跨区域贸易，从考古发掘出土的器物以及楔形文字泥板记录能够印证这一论断。

公元前 3000 年左右，铜和锡的合金被制成青铜，青铜比铜更加坚硬和实用，这开启了西亚的青铜时代，也同时促进了跨区域贸易的发展。① 公元前 2000 年左右，苏美尔文明

---

① S. Mark, *From Egypt to Mesopotamia: A Study of Predynastic Trade Routes*, College Station: Texas A & M University Press, 1997, pp. 6 - 9.

衰亡，两河流域北部进入到古亚述时期，古亚述与安纳托利亚之间围绕着锡、黄金、白银等资源进行的殖民贸易，以及独特的贸易组织管理模式，是继安纳托利亚黑曜石贸易之后，两河流域与安纳托利亚贸易的另一特色。大约公元前1820 年，卡尼什被赫梯哈图沙的国王摧毁，古亚述商路也随之终结。虽然后来亚述国王沙姆西阿达德（公元前 1808—前1776 年）和马里孜姆瑞里姆（公元前 1775—前 1761 年）统治时期有过短暂复苏，但是随着巴比伦国王汉谟拉比统一两河流域后，古亚述贸易逐渐衰亡。

结　　语

古代两河流域极为缺乏木材、石材和金属等自然资源，不过却盛产大麦、小麦、椰枣等粮食作物，以及牛羊等牲畜。两河流域的周边地区是木材、石材和各类金属的主要产地，这种商品货物的不平等分布状况导致了贸易的产生，随着固定贸易路线的不断确立，商路网日渐形成，促进了古代两河流域社会经济史的进步，同时也推动了古代两河流域文明的发展。古代两河流域商路的形成并不是同步并行、同时产生的，而是在不同的时间段里，存在不同的商路，其中有的商路随着历史的推进而逐渐衰落，有的商路则变得越来越繁荣，有的取而代之，有的死而复兴，这里面并没有什么规律可循。不过，我们可以从文献和考古资料中来窥探那些导致商路和贸易盛衰的因素。

自大约公元前7千纪的史前时代直到公元前2千纪晚期，亚洲西段的跨区域贸易以和平贸易为主，辅之以战争征服并掳获战利品。在文字发明之前的史前时代，考古发现和遗址遗迹成为我们认识当时贸易的唯一途径。古代两河流域地区的国际环境十分复杂，这里民族成分繁杂，语言和文化习俗各异，自然环境相去甚远。史前时代围绕两河流域地区以黑曜石贸易为主，黑曜石这种材料的传播是石器时代的主要贸易特征。不过，关于史前时代的黑曜石传播到底是不是通过贸易的形式，在目前的学术界尚存在争议。但可以肯定的是，在黑曜石这种材料被广泛使用之后，由于长途贸易的成本太高、持续时间过长，所以与两河流域有关的贸易形式基本上都是贵重物品、急需品或者奢侈品，早期贸易的主要目的是为了满足上层阶级的需求，而对于普通民众的影响力十分有限，这也是早期两河流域贸易的主要特征之一。

公元前4千纪末期，苏美尔人发明了楔形文字，由此诞生了苏美尔文明，两河流域地区率先进入到文明社会。自楔形文字被两河流域的苏美尔人发明之后，文献资料和考古资料一同成为我们复原当时贸易的重要依据。由于印度河流域的印章文字和克里特文明的线形文字A尚未被破译，所以有关两河流域与这两个地区的跨区域贸易情况只能从两河流域的楔形文字资料来得到片面的认识。楔形文字文献中关于贸易的记载十分零散，甚至只有进口商品和物产的简单记载，而对于贸易的详细路线、贸易双方的具体身份，尤其是跨区域贸易的组织和管理机构等，我们只能从文献资料和考古资料中来间接推测从而得出结论。随后，楔形文字被两河流域周边若干民族所借用，以记录本民族的语言，包括属于闪含语系闪米特语族的阿卡德语、阿摩利语、埃勃拉语、乌加里特语，属于印欧语系的赫梯语、古波斯语，属于胡里特—乌拉尔图语系的乌拉尔图语、胡里特语，以及不清楚其语言归属的埃兰语等，这些语言文字共同构成了古代近东的楔形文字文化圈，各民族之间加强了彼此交流与联系，其中的一种行之有效的方式就是贸易。通过对楔形文字文献资料和考古证据的整理与研究，我们以两河流域地区作为中心点，分别向其东、南、西、北四个方向进行辐射与链接，就可以形成一张错综复杂的贸易商路网，在这些网络上密密麻麻分布着众多贸易据点，因为年代的变迁，这些贸易路线也会有所不同。

两河流域地区的东线贸易和南线贸易互为补充，其中一条是陆路，一条是海路，二者都沟通了两河流域文明和印度河流域文明。所不同的是，二者出现的时间不一，所起到的作用也有差异。早期亚洲西段的跨区域贸易，以陆路为始端，并且持续时间最长，横向上从阿富汗地区到两河流域地区的距离大约是三千公里，纵向上从波斯湾到安纳托利亚的距离大约也是三千公里。在史前时期，尤其是在欧贝德文化期和乌鲁克文化期，两河流域北部作为贸易中心。后来，两河流域南部的苏美尔文明兴起，取代北部成为贸易和文化中心，由此向东的伊朗高原作为贸易中转站，向北直到亚美尼亚高原，向南可达印度河流域，向东远至阿富汗地区。在公元前2500年左右，随着印度洋—波斯湾海上贸易的开展，亚洲西段形成了海、陆两条贸易路线并存的局面，这种局面一直持续到公元前1800年左右。而与此同时，两河流域北部的亚述地区却同其更北部的安纳托利亚进行着跨境贸易，继续扮演着贸易主导者和中间人的角色。

两河流域地区的西线和北线贸易，在史前时代都是围绕着黑曜石贸易展开。西线贸易又称为东地中海贸易，沟通了两河流域同其周边的叙利亚—巴勒斯坦、埃及、塞浦路斯、希腊和安纳托利亚等地区之间的联系，加强了古代世界几大文明之间的交往与融合。安纳托利亚所产的黑曜石被交易到叙利亚和两河流域，爱琴海的米洛斯岛所产的黑曜石主要被交易到希腊本土和埃及等地，但是这种分配关系也不是固定不变的。北线贸易的第二个黄金阶段是古亚述贸易，两河流域北部的亚述人在安纳托利亚建立了若干商业区和定居点（或称为殖民地），商人常年住在远离家乡的安纳托利亚，而他们的妻儿却住在亚述本土。在古亚述贸易中，亚述商人将两河流域丰富的羊毛、纺织品和粮食以商队的组织形式运到安纳托利亚，以交易那里的黄金和白银。除了两地由于资源互补而进行的直接贸易之外，亚述商人还扮演中间商的角色，将伊朗等地所产的锡、阿富汗所产的青金石以及波斯湾的马干所产的铜转运到安纳托利亚。在那里，锡和铜被冶炼成青铜，这开启了古代近东的青铜时代，并且对于古代两河流域的历史发展具有重大的影响。亚述商人所开辟的安纳托利亚商路，以驴或者骡子来运载商品，以商队的形式沟通了两河流域的北线贸易。

从公元前 2 千纪晚期开始，对资源的争夺和控制愈发重要，原先和平的跨区域贸易演变为战争与争夺。这一时期的主要商品不再是金属、石材和木材，而是马匹。马匹既可以用于交通运输，又能用于作战，是十分重要的战略资源，在亚述浮雕中展现了各种姿态的战马形象。公元前 1500—前 1300 年的中亚述时期，从东部扎格罗斯山区的马匹被出口到亚述，又转运到米坦尼，换取手工艺品。为了争夺伊朗西部曼奈德优质马匹资源的控制权，亚述和乌拉尔图爆发了战争。随着骆驼被驯化用来驮运商品货物，骆驼贸易在中东地区兴起，阿拉伯人控制了骆驼贸易的路线，逐渐在中东贸易中占据主导地位，同时，骆驼取代原先的驴和骡子成为中东尤其沙漠地带的主要运输工具，这种形式一直持续到近现代，骆驼贸易可以看作上古中东贸易的终结，并且开启了中古时期以阿拉伯商人为主体的中古贸易的序幕。公元前8世纪之后，随着亚述帝国版图的不断扩张，亚述建立了以政府管理为主导的国家道路系统，将原先的分散商路及其他道路连接起来，共同构成了著名的亚述御道，其功能多样化，不仅是商路，还是驿道、交通主干线、军事用路等。公元前6世纪之后，波斯帝国接管两河流域地区，将亚述御道再次扩张到整个中东地区，形成了波斯御道，国家有组织地加强道路系统的尝试也体现了对贸易的重视。波斯御道作为帝国加强中央与地方统治的重要手段，成为波斯帝国进行中央集权统治的一把关键锁钥，但是这把锁钥最终也成为埋葬帝国的推动机，当亚历山大大帝沿着波斯御道一路打到波斯首都并且灭亡庞大的波斯帝国时，东西方文明的战争气氛在古代世界达到顶峰；而在更遥远的东方，以仁义治国的华夏文明不久之后开辟了一条更为著名的商路——丝绸之路，再次将东西方文明的交流建立起来，只是这次交流的建立主要不是通过战争，而是通过和平友好手段实现的。昔日的古代两河流域商路体系在这条丝绸之路中依然留有些许痕迹，向人们展示着古老文明曾经的辉煌。

参考文献
（按照作者姓氏首字母顺序）

1. 外文参考书目

K. M. Ajango, *New Thoughts on the Trade of Lapis Lazuli in the Ancient Near East c. 3000 – 2000 B. C.*, BA thesis, University of Wisconsin-La Crosse, 2010.

G. Algaze, *The Uruk World System: The Dynamics of Expansion of Early Mesopotamian Civilization*, Chicago and London: The University of Chicago Press, 1993.

J. Aruz, K. Benzel, J. M. Evans, *Beyond Babylon: Art, Trade, and Diplomacy in the Second Millennium B. C.*, New Haven and London: Yale University Press, 2008.

L. Åström, *Studies in the Arts and Crafts of the Late Cypriote Bronze Age*, Lund: Klassika Institutionen, 1967.

M. E. Aubet, *The Phoenicians and the West: Politics, Colonies and Trade*, Cambridge: Cambridge University Press, 1987.

Z. Bahrani, *The Administrative Building at Tell Al Hiba, Lagash*, Ann Arbor: University Microfilms, 1989.

R. D. Barnett, *Ancient Ivories in the Middle East*, Jerusalem: Hebrew University Institute of Archaeology, 1982.

C. Belshaw, *Traditional Exchange and Modern Markets*, Englewood Cliffs: Prentice Hall, 1965.

A. Bernard Knapp, *The History and Culture of Ancient Western Asia and Egypt*, Illinois: Dorsey Press, 1988.

G. Bibby, *Looking for Dilmun*, London: Stacey International, 2001.

G. Bibby, *Dilmun, Die Entdeckung der ältesten Hochkultur*, Rowohlt: Reinbek, 1973.

C. Breniquet, C. Michel eds. , *Wool Economy in the Ancient Near East and the Aegean: From the Beginnings of Sheep Husbandry to Institutional Textile Industry*, Oxford and Philadelphia: Oxbow Books, 2014.

G. Buccellati, *The Amorites of the Ur III Period*, Naples: Instituto Orientale di Napoli, 1966.

B. Buchanan, *Early Near East Seals in the Babylonian Collection*, New Haven, Conn. : Yale University Press, 1981.

R. Carpenter, *Beyond the Pillars of Heracles: the Classical World Seen through the Eyes of Its Discoverers*, New York: Delacorte Press, 1966.

L. Casson, *Ships and Seamanship in the Ancient World*, Baltimore: Johns Hopkins University Press, 1995.

M. -C. Cauvin, et al. eds. , *L'obsidienne au Proche et Moyen Orient: Du Volcan à l'Outil*, British Archaeological Reports International Series 738, Oxford: Archaeopress, 1998.

P. B. Cornwall, *Dilmun: The History of Bahrein Island before Cyrus*, PhD thesis, Harvard University, 1944.

H. Crawford, R. Killick, J. Moon, *The Dilmun Temple at Saar*, London: Kegan Paul, 1997.

H. Crawford, *Dilmun and its Gulf Neighbours*, Cambridge: Cambridge University Press, 1998.

J. G. Dercksen, *The Old Assyrian Copper Trade in Anatolia*, Leiden: Nederlands Instituut voor het Nabije Oosten, 1996.

J. G. Dercksen ed. , *Trade and Finance in Ancient Mesopotamia*, Leiden: Nederlands Instuut voor het Nabije Oosten, 1999.

J. G. Dercksen, *Old Assyrian Institutions*, *MOS Studies 4*, Publications de l'Institut historique-archéologique néerlandais de Stamboul 98, Leiden: Nederlands Instituut voor het Nabije Oosten, 2004.

D. O. Edzard, *Gudea and His Dynasty*, The Royal Inscriptions of Mesopotamia Early Periods Vol. 3/1 (RIME 3/1) , Toronto: University of Toronto Press, 1997.

D. Frayne, *Sargonic and Gutian Periods (2334 – 2113 B. C.)*, The Royal Inscriptions of Mesopotamia Early Periods Vol. 2 (RIME 2) , Toronto: University of Toronto Press, 1993.

D. Frayne, *Ur III Period (2112 – 2004 B. C.)*, The Royal Inscriptions of Mesopotamia Early Periods Vol. 3/2 (RIME 3/2) , Toronto: University of Toronto Press, 1997.

I. J. Gelb, P. Steinkeller, R. Whiting, *Earliest Land Tenure Systems in the Near East: Ancient Kudurrus*, Oriental Institute Publications 104, Chicago: University of Chicago Press, 1991.

J. Gilmore, *Mycenaean Trade with the East Mediterranean*, MA thesis, Durham University, 1977.

C. P. Grant, *The Syrian Desert: Caravans, Travel, Exploration*, London: A. & C. Black, 1937.

F. V. Güngördü, *Obsidian, Trade and Society in the Central Anatolian Neolithic*, Master thesis, Bilkent University, 2010.

I. Habib, *A People's History of India 2: The Indus Civilization*, New Delhi: Tulika, 2002.

W. W. Hallo, W. K. Simpson, *The Ancient Near East: A History*, New York: Harcourt Brace College Publishers, 1998.

J. D. Hawkins ed. , *Trade in the Ancient Near East: Papers presented to the XXIII Rencontre Assyriologique Internationale University of Birmingham 5 – 9 July, 1976*, London: British School of Archaeology in Iraq, 1977.

T. K. Hertel, *Old Assyrian Legal Practices: Law and Dispute in the Ancient Near East*, Leiden: Nederlands Instituut voor het Nabije Oosten, 2013.

E. Herzfeld, *The Persian Empire*, Wiesbaden: Franz Steiner Verlag, 1968.

K. J. Hesse, *Late Bronze Age Maritime Trade in the Eastern Mediterranean: An Inland Levantine Perspective*, Master thesis, Uppsala University, 2008.

H. Hodges, *Technology in the Ancient World*, New York: Alfred A. Knopf, 1970.

G. F. Hourani, *Arab Seafaring in the Indian Ocean in Ancient and Early Medieval Times*, Princeton and New Jersey: Princeton University Press, 1951.

T. Jacobsen, *The Sumerian King List*, Assyriological Studies 11, Chicago: The University of Chicago Press, 1939.

J. M. Kenoyer ed. , *From Sumer to Meluhha: Contributions to the Archaeology of South and West Asia in Memory of George F. Dales, Jr.* , Wisconsin Archaeological Report 3, Madison: Prehistory Press, 1994.

K. Kessler, *Untersuchungen zur historischen Topographie Nordmesopotamiens*, Wiesbaden: Dr. Ludwig Reichert Verlag, 1980.

B. Kienast, *Das Altassyrische Kaufvertragsrecht*, Freiburger altorientalische Studien. Beihefte 1, Stuttgart: Franz Steiner Verlag Wiesbaden, 1984.

P. L. Kohl, *Seeds of Upheavel: The Production of Chlorite at Tepe Yahya and an Analysis of Commodity Production and Trade in Southwest Asia in the Mid-Third Millennium*, PhD thesis, Harvard University, 1974.

M. T. Larsen, *Old Assyrian Caravan Procedures*, Publications de l'Institut historique-archéologique néerlandais de Stamboul 22, Leiden: Nederlands Instituut voor het Nabije Oosten, 1967.

M. T. Larsen, *The Old Assyrian City-State and its Colonies*, Mesopotamia 4, Copenhagen, 1976.

W. F. Leemans, *The Old Babylonian Merchant*, Leiden: Brill, 1950.

W. F. Leemans, *Foreign Trade in the Old Babylonian Period: As Revealed by Texts from Southern Mesopotamia*, Studia et Documenta ad iura orientis antique perinentia 6, Leiden: Brill,

1960.

M. Liverani, *The Ancient Near East: History, Society and Economy*, London and New York: Routledge, 2014.

S. Lloyd, *The Archaeology of Mesopotamia: From the Old Stone Age to the Persian Conquest*, London: Thames and Hudson, 1978.

S. Lloyd, *Ancient Turkey*, Oakland: University of California Press, 1999.

A. Lucas, J. R. Harris, *Ancient Egyptian Materials and Industries*, Londres, 1962.

M. E. L. Mallowan, "The Early Dynastic Period in Mesopotamia", in *Cambridge Ancient History*, Cambridge: Cambridge University Press, 1971.

S. Mark, *From Egypt to Mesopotamia: A Study of Predynastic Trade Routes*, College Station: Texas A & M University Press, 1997.

V. M. Masson, V. I. Sarianidi, *Central Asia*, London: Praeger, 1972.

R. Maxwell-Hyslop, *Western Asiatic Jewellery, c. 3000 – 612*, London: Methuen, 1971.

P. R. S. Moorey, *Ancient Mesopotamian Materials and Industries. The Archaeological Evidence*, Winona Lake: Eisenbrauns, 1994.

J. D. Muhly, *Copper and Tin: The Distribution of Mineral Resources and the Nature of the Metals Trade in the Bronze Age*, Transactions of the Connecticut Academy of Arts and Sciences 43, New Haven: Archon Books, 1973.

K. Nashef, *Répertoire Géographique des Textes Cunéiformes*, Vol. 5, Wiesbaden: Dr. Lugwig Reichert Verlag, 1982.

K. R. Nemet-Nejat, *Daily Life in Ancient Mesopotamia*, Peabody, Mass. : Hendrickson Publishers, 1998.

H. J. Nissen, *The Early History of the Ancient Near East 9000 – 2000 B. C.*, Chicago: University of Chicago Press, 1988.

C. M. Piesinger, *Legacy of Dilmun: The Roots of Ancient Maritime Trade in Eastern Coastal Arabia in the 4th/3rd Millennium B. C.*, PhD dissertation, University of Wisconsin-Madison, 1983.

K. Polanyi, et al. eds. , *Trade and Market in the Early Empire*, Chicago: Regnery, 1957.

K. Polanyi, *Trade and Market in the Early Empires*, Washington D. C. : Regnery Publishing, 1971.

S. Pollock, *Ancient Mesopotamia: The Eden that Never Was*, Cambridge: Cambridge University Press, 1999.

J. N. Postgate, *Early Mesopotamia: Society and Economy at the Dawn of History*, New York: Routledge, 1992.

D. T. Potts, *The Arabian Gulf in Antiquity (Vol. 1 – From Prehistory to the Fall of the Achaemenid Empire)*, Oxford: Clarendon Press, 1990.

D. T. Potts, *Ancient Magan: The Secrets of Tell Abraq*, London: Trident Press, 2000.

J. Ramin, *Le Problème des Cassitérides et les sources de l'étain occidentale depuis les temps protohistoriques jusqu'au début de notre ère.* Paris: Editions A. & J. Picard, 1965.

S. F. Ratnagar, *Encounters, The Westerly Trade of the Harappa Civilization*, Delhi: Oxford University Press, 1981.

C. Reichel, *Political Change and Cultural Continuity in Eshnunna from the Ur III to the Old Babylonian Period*, PhD dissertation, University of Chicago, 1996.

G. Roux, *Ancient Iraq*, London: Penguin Putnam, 1992.

J. M. Sasson ed. , *Civilizations of the Ancient Near East*, Vol. 3, New York: Charles Scribner's Sons, 1995.

D. C. Snell, *Ledgers and Prices: Early Mesopotamian Merchant Accounts*, New Haven: Yale University Press, 1982.

E. A. Speiser, *Excavations at Tepe Gawra 1*, Philadelphia, 1935.

R. F. S. Starr, *Nuzi: Report on the Excavations at Yorghan Tepe Near Kirkuk, Iraq, 1927 – 1931*, Cambridge: Harvard University Press, 1939.

J. Strange, *Caphtor/Keftiu: A New Investigation*, Leiden: Brill, 1980.

E. Stratford, *A Year of Vengeance, Vol. 1: Time, Narrative, and the Old Assyrian Trade*, Studies in Ancient Near Eastern Records 17/1, Boston/Berlin: Walter de Gruyter, 2017.

R. Torrence, *Production and Exchange of Stone Tools, Prehistoric Obsidian in the Aegean*, Cambridge: Cambridge University Press, 1986.

M. Tosi, *The Lapis Lazuli Trade Across the Iranian Plateau in the Third Millennium B. C.* , Gururajamanjarika, Studi in Onore di G. Tucci, Naples: Istituto Universitario Orientale, 1974.

A. M. Ulshöfer, *Die altassyrische Privaturkunden*, Freiburger altorientalische Studien. Beihefte 4, Stuttgart: Franz Steiner Verlag Wiesbaden, 1995.

M. van de Mieroop, *A History of the Ancient Near East: ca. 3000 – 323 B. C.* (*Second Edition*), Oxford: Blackwell Publishing, 2007.

H. Vanstiphout, *Epic of Sumerian Kings: The Matter of Aratta*, Atlanta: Society of Biblical Literature, 2003.

K. R. Veenhof, *Aspects of Old Assyrian Trade and Its Terminology*, Leiden: Brill, 1972.

K. R. Veenhof, J. Eidem, *Mesopotamia. The Old Assyrian Period*, Orbis Biblicus et Orientalis 160/5, Fribourg/Göttingen: Academic Press Fribourg/Vandenhoeck & Ruprecht Göttingen, 2008.

L. von Rosen, *Lapis Lazuli in Geological Contexts and in Ancient Written Sources*, Studies in Mediterranean Archaeology and Literature 65, Partille (Sweden): Paul Aströms förlag, 1988.

L. von Rosen, *Lapis lazuli in Archaeological Contexts*, Studies in Mediterranean Archaeology 93, artille (Sweden): Paul Aströms förlag, 1990.

M. Wheeler, *The Cambridge History of India, Supplementary Volume: The Indus Civilization*, Cambridge: Cambridge University Press, 1953.

R. M. Whiting, *Old Babylonian Letters from Tell Asmar*, Assyriological Studies 22, Chicago: The Oriental Institute of the University of Chicago, 1987.

T. J. Wilkinson, D. J. Tucker, *Settlement Development in the*

North Jezira, *Iraq*, Warminster: Aris and Phillips, 1995.

C. L. Woolley, *Ur Excavations II*: *The Royal Cemetery*, London/ Philadelphia: British Museum/Museum of the University of Pennsylvania, 1934.

2. 外文论文

W. F. Albright, "Magan, Meluha, and the Synchronism between Menes and Naram-Šin", *The Journal of Egyptian Archaeology*, 7/1 –2 (1921), pp. 80 –96.

G. Algaze, "The Uruk Expansion: Cross-cultural Exchange in Early Mesopotamian Civilization", *Current Anthropology*, 30/5 (1989), pp. 571 –608.

B. Alster, "Dilmun, Bahrain, and Alleged Paradise in Sumerian Myths and Literature", in D. T. Potts ed. , *Dilmun*: *New Studies in the Archaeology and Early History of Bahrain*, Berlin: Dietrich Reimer Verlag, 1983, pp. 39 –74.

A. J. Arkell, "Cambay and the Bead Trade", *Antiquity*, 10 (1936), pp. 292 –305.

M. Artzy, I. Perlman, F. Asaro, "Wheel-Made Pottery of the MC III and LC I Periods in Cyprus Identified by Neutron Activation Analysis", *Report of the Depart-ment of Antiquities*, *Cyprus*, 1976, pp. 20 –28.

M. C. Astour, "Overland Trade Routes in Ancient Western Asia", in J. M. Sasson ed. , *Civilizations of the Ancient Near East*, Peabody: Hendrickson Publishers, 2000, pp. 1401 –

1420.

P. Åström, "Comments on the Corpus of Mycenaean Pottery in Cyprus", *Acts: MEM*, 1973, pp. 122 – 127.

N. Balkan-Atli, D. Binder, "Les ateliers de taille d'obsidienne. Fouilles de Kömürcü-Kaletepe 2000", *Anatolia Antique*, 9 (2001), pp. 193 – 205.

P. Bar-Adon, "The Cave of the Treasure", *Archaeology*, 16 (1963), pp. 251 – 259.

O. Barge, C. Chataigner, "The procurement of obsidian: Factors influencing the choice of deposits", *Journal of Non-Crystalline Solids*, 323 (2003), pp. 172 – 179.

L. Bavay, "Matière première et commerce à longue distance: le lapis-lazuli et l'Egypte prédynastique", *Archéo-Nil*, 7 (1997), pp. 79 – 100.

T. W. Beale, "Early Trade in Highland Iran: A View from a Source Area", *World Archaeology*, 5/2 (1973), pp. 133 – 148.

D. Bedigian, J. R. Harlan, "Evidence for Cultivation of Sesame in the Ancient World", *Economic Botany*, 40/2 (1986), pp. 137 – 154.

A. Bernard Knapp, "An Alashiyan Merchant at Ugarit", *Tel Aviv*, 10 (1983), pp. 38 – 45.

A. Bernard Knapp, "Review of Alashiya, Caphtor/Keftiu, and Eastern Mediterranean Trade: Recent Studies in Cypriote Archaeology and History", *Journal of Field Archaeology*, 12/2 (1985), pp. 231 – 250.

A. Bernard Knapp, "Thalassocracies in Bronze Age Eastern Mediterranean Trade: Making and Breaking a Myth", *World Archaeology*, 24/3 (1993), pp. 332 – 347.

G. Bigazi, et al. , "Provenance studies of obsidian artefacts in Anatolia using the fission-track dating method: An overview", in M. -C. Cauvin, et al. eds. , *L'obsidienne au Proche et Moyen Orient: du volcan a l'outil*, Oxford: Archaeopress, 1998, pp. 69 – 89.

M. J. Blackman, "Provenance Studies of Middle Eastern Obsidian from Sites in Highland Iran", in J. B. Lambert ed. , *Archaeological Chemistry III*, Washington, D. C. : American Chemical Society, 1984, pp. 19 – 50.

R. J. Braidwood, J. E. Burke, N. H. Nachtrieb, "Ancient Syrian coppers and bronzes", *Journal of Chemical Education*, 28 (1951), pp. 87 – 96.

C. Bressy, G. Poupeau, K. A. Yener, "Cultural interactions during the Ubaid and Half periods: Tell Kurdu (Amuq Valley, Turkey) obsidian sourcing", *Journal of Archaeological Science*, 32 (2005), pp. 1560 – 1565.

R. H. Brunswig, "Radiocarbon Dating and the Indus Civilization: Calibration and Chronology", *East and West, New Series*, 25 (1975), pp. 111 – 145.

B. Buchannan, "A Dated 'Persian Gulf' Seal and its Implications", in H. G. Güterbock, T. Jacobsen eds. , *Studies in Honor of Benno Landsberger on His Seventy-Fifth Birthday April 21, 1965*, Assyriological Studies 16, Chicago: University of

Chicago Press, 1965, pp. 204 – 210.

E. Burrows, "Tilmun, Bahrain, Paradise", *Orientalia*, 30 (1928), pp. 1 – 34.

J. R. Caldwell, "Tal-i-Iblis and the beginnings of copper metallurgy in the fifth millennium", *Archaeologia Viva*, 1/1 (1968), pp. 145 – 150.

J. R. Caldwell, "Pottery and cultural history on the Iranian plateau", *Journal of Near Eastern Studies*, 27 (1968), pp. 178 – 183.

H. Cambel, R. J. Braidwood, "An early farming village in Turkey", *Scientific American*, 222/3 (1970), pp. 50 – 56.

P. Calmeyer, "Das Grab eines altassyrischen Kaufmanns", in J. D. Hawkins ed., *Trade in the Ancient Near East: Papers presented to the XXIII Rencontre Assyriologique Internationale University of Birmingham 5 – 9 July, 1976*, London: British School of Archaeology in Iraq, 1977, pp. 87 – 98.

J. Carcopino, "Encore la route marseillaise de l'étain", in Pedro Bosch-Gimpera ed., *A Pedro Bosch-Gimpera en el septiagesimo aniversario de su nacimiento*, Mexico City: Instituto Nacional de Antropologia e Historia, 1963, pp. 85 – 93.

R. Carter, "The Sumerians and the Gulf", in H. Crawford ed., *The Sumerian World*, London and New York: Routledge, 2013, pp. 579 – 599.

R. Carter, "Restructuring Bronze Age Trade: Bahrain, Southeast Arabia and the Copper Question", in H. Crawford ed., *The Archaeology of Bahrain: The British Contribution*, Oxford: Archaeopress, 2003, pp. 31 – 42.

T. Carter, et al., "From chemistry to consumption: Towards a history of obsidian use at Çatalhöyük through a programme of inter-laboratory trace-element characterization", in I. Hodder ed., *Changing Materialities at Çatahöyük*, *Reports from the 1995 – 1999 Seasons*, Cambridge/London: McDonald Institute/ British Institute at Ankara, 2005, pp. 285 – 306.

H. W. Catling, "Copper in Cyprus, Bronze in Crete: Some Economic Problems", *Acts: Cyprus and Crete*, 1979, pp. 69 – 75.

M. -C. Cauvin, "L'obsidienne dans de Proche-Orient préhistorique, état des recherches en 1996", *Anatolica*, 22 (1996), pp. 1 – 31.

M. -C. Cauvin, N. Balkan-Atli, "Rapport sur les recherches sur l'obsidienne en Cappadoce, 1993 – 1995", *Anatolia Antiqua*, 4 (1996), pp. 249 – 271.

S. Cecen, "Kaniš kārum'unun Diger Kārumve Wabartumlar'a 'KÙ. AN' (*amutum*) ile ilgili Önemli Talimatlari", *Belleten*, 61 (1997), pp. 219 – 233.

C. Cessford, T. Carter, "Quantifying the consumption of obsidian at Neolithic Çatalhöyük, Turkey", *Journal of Field Archaeology*, 30 (2005), pp. 305 – 315.

S. Cleuziou, T. Berthoud, "Early Tin in the Near East", *Expedition*, 25/1 (1982), pp. 14 – 19.

S. Cleuziou, "The Oman Peninsula and the Indus Civilization: A Reassessment", *Man and Environment*, 17/2 (1992), pp. 93 – 103.

S. Cleuziou, M. Tosi, "Black Boats of Magan: Some thoughts on Bronze Age Water Transport in Oman and Beyond from the Impresses Bitumen Slabs of Ra's al-Junayz", in A. Parpola and P. Koskikallio eds. , *South Asian Archaeology 1993: proceedings of the twelfth International Conference of the European Association of South Asian Archaeologists held in Helsinki University, 5 - 9 July 1993*, Helsinki: Suomalainen Tiedeakatemia, 1994, pp. 745 - 761.

D. Collon, "Ivory", in J. D. Hawkins ed. , *Trade in the Ancient Near East: Papers presented to the XXIII Rencontre Assyriologique Internationale University of Birmingham 5 - 9 July, 1976*, London: British School of Archaeology in Iraq, 1977, pp. 219 - 222.

P. B. Cornwall, "The Tumuli of Bahrain", *Asia and the Americas*, 42 (1943), pp. 230 - 234.

P. B. Cornwall, "On the Location of Dilmun", *Bulletin of the American Schools of Oriental Research*, 103 (1946), pp. 3 - 11.

P. B. Cornwall, "Two Letters from Dilmun", *Journal of Cuneiform Studies*, 6 (1952), pp. 137 - 145.

S. R. B. Cooke, E. Henrickson, G. R. Rapp Jr. , "Metallurgical and Geochemical Studies", in W. A. McDonald and G. R. Rapp eds. , *The Minnesota Messenia Expedition. Reconstructing a Bronze Age Regional Environment.* Minneapolis: University of Minnesota Press, 1972, pp. 225 - 233.

E. Cortesi, et al. , "Cultural Relationship beyond the Iranian

Plateau: The Helmand Civilization, Baluchistan and the Indus Valley in the 3rd Millennium BCE", *Paléorient*, 34/2 (2008), pp. 5 – 35.

P. Crabtree, "Zooarchaeology and complex societies: some uses of faunal analysis for the study of trade, social status, and ethnicity", in M. Schiffer ed. , *Archaeological method and theory*, Vol. 2, Tucson: University of Arizona Press, 1990, pp. 155 – 205.

H. Crawford, "Mesopotamia and the Gulf: The History of a Relationship", *Iraq*, 67/2 (2005), pp. 41 – 46.

G. F. Dalas, "Of Dice and Men", in W. W. Hallo ed. , *Essays in Honor of E. A. Speiser*, American Oriental Series 53, New Haven, 1968, pp. 14 – 23.

S. Dalley, "Old Babylonian Trade in Textiles at Tell al Rimah", in J. D. Hawkins ed. , *Trade in the Ancient Near East: Papers presented to the XXIII Rencontre Assyriologique Internationale University of Birmingham 5 – 9 July, 1976*, London: British School of Archaeology in Iraq, 1977, pp. 155 – 160.

J. L. Davis, "The Cyclades and the Greek Mainland in LC I: The Evidence of the Pottery", *American Journal of Archaeology*, 86 (1982), pp. 333 – 341.

J. Derakhshani, "Materialen und Industrien aus dem Iranischen Hochland in den nahöstlichen Märkten des 4. bis 2. Jahrtausends v. Chr. ", *Iran & the Caucasus*, 3/4 (1999 – 2000), pp. 33 – 58.

J. G. Dercksen, "On the Financing of Old Assyrian Merchants", in J. G. Dercksen ed. , *Trade and Finance in Ancient Mesopotamia* (*Mos Studies 1*). Proceedings of the First Mos Symposium (*Leiden 1997*), Leiden: Nederlands Instituut voor het Nabije Oosten, 1999, pp. 85 – 100.

J. G. Dercksen, "Metals According to Documents from Kültepe-Kanish Dating to the Old Assyrian Colony Period", in Ünsal Yalšin ed. , *Anatolian Metal*, *III*, *Der Anschnitt*, *Beiheft 18*, Bochum: Deutsches Bergbau-Museum, 2005, pp. 17 – 34.

R. Dion, "Le problème des Cassitérides", *Latomus*, 11 (1952), pp. 306 – 314.

E. Dixon, J. R. Cann, C. Renfrew, "Obsidian and the Origins of Trade", *Scientific American*, 218/3 (1968), pp. 38 – 46.

J. E. Dixon, "Obsidian Characterization Studies in the Mediterranean and Near East", in R. E. Taylor ed. , *Advances in Obsidian Studies: Archaeological and Geochemical Perspectives*, Park Ridge (NJ): Noyes Press, 1976, pp. 288 – 333.

E. C. I. During Caspers, "New Archaeological Evidence for Maritime Trade in the Persian Gulf During the Late Protoliterate Period", *East and West*, 21/1 – 2 (1971), pp. 21 – 44.

E. C. L. During-Caspers, "Harappan Trade in the Arabian Gulf in the Third Millennium B. C. ", *Mesopotamia*, 7 (1972), pp. 167 – 191.

E. C. I. During Caspers, "Sumer, Coastal Arabia and the Indus Valley in Protoliterate and Early Dynastic Eras: Supporting Evidence for a Cultural Linkage", *Journal of the Economic and Social History of the Orient*, 22/2 (1979), pp. 121 – 135.

E. C. I. During Caspers, "... And Multi-Coloured Birds of Meluhha", *Proceedings of the Seminar for Arabian Studies*, 20 (1990), pp. 9 – 16.

B. S. Düring, B. Gratuze, "Obsidian Exchange Networks in Prehistoric Anatolia: New Data from the Black Sea Region", *Paléorient*, 39/2 (2013), pp. 173 – 182.

F. A. Durrani, "Stone Vases as Evidence of Connection between Mesopotamia and the Indus Valley", *Ancient Pakistan*, 1 (1964), pp. 51 – 96.

R. H. Dyson, C. P. Thornton, "Shir-i Shian and the Fifth-Millennium Sequence of Northern Iran", *Iran*, 47 (2009), pp. 1 – 22.

E. R. Eaton, H. McKerrell, "Near Eastern alloying and some textual evidence for the early use of arsenical copper", *World Archaeology*, 8/2 (1976), pp. 169 – 191.

C. Edens, "Dynamics of Trade in the Ancient Mesopotamian 'World System'", *American Anthropologist, New Series*, 94/1 (1992), pp. 118 – 139.

Chr. Eder, "Assyrische Distanzangaben und die absolute Chronologie Vorderasiens", *Altorientalische Forschungen*, 31 (2004), pp. 191 – 236.

K. V. Flannery, "The Olmec and the valley of Oaxaca: a model for interregional interaction in Formative times", in E. Benson ed., *Dumbarton Oaks Conference on the Olmec*. Washington: Trustees for Harvard University, 1968, pp. 79 – 110.

K. V. Flannery, "Evolutionary trends in social exchange and interaction". In E. N. Wilmsen ed. , *Social Exchange and Inter-action*. Anthropological Papers, Museum of Anthropology, University of Michigan 46. Ann. Arbor, 1972, pp. 129 – 135.

K. Frifelt, "A Possible Link Between the Jemdat Nasr and the Umm an-Nar Graves of Oman", *Journal of Oman Studies*, 1 (1975), pp. 57 – 80.

B. R. Foster, "Commercial Activity in Sargonic Mesopotamia", in J. D. Hawkins ed. , *Trade in the Ancient Near East: Papers presented to the XXIII Rencontre Assyriologique Internationale University of Birmingham 5 – 9 July, 1976*, London: British School of Archaeology in Iraq, 1977, pp. 31 – 44.

A. Furumark, "The Settlement at Ialysos and Aegean History c. 1550 – 1400 B. C. ", *Opuscula Archaeologica*, 6 (1950), pp. 150 – 271.

N. H. Gale, Z. A. Stos-Gale, "Oxhide Copper Ingots in Crete and Cyprus and the Bronze Age Metals Trade", *The Annual of the British School at Athens*, 81 (1986), pp. 81 – 100.

H. D. Galter, "Gott, König, Vaterland. Orthographisches zu Aššur in altassyrischer Zeit", in A. A. Ambros and M. Köhbach eds. , *Festschrift für Hans Hirsch zum 65. Geburtstag gewidmet von seinen Freunden, Kollegen und Schülern*, Wiener Zeitschrift für die Kunde des Morgenlandes 86, Wien: Im Selbstverlag des Instituts für Orientalistik, 1996, pp. 127 – 141.

H. D. Galter, "Assyrische Königsinschriften des 2. Jahrtausends v. Chr. Die Entwicklung einer Textgattung", in H. Waetzoldt and H. Hauptmann eds. , *Assyrien im Wandel der Zeiten.*

XXXIXe Rencontre Assyriologique Internationale, Heidelberg 6. – 10. Juli 1992, Heidelberger Studien zum Alten Orient 6, Heidelberg: Heidelberger Orientverlag, 1997, pp. 53 – 59.

I. J. Gelb, "The ancient Mesopotamian ration system", *Journal of Near Eastern Studies*, 24 (1965), pp. 230 – 243.

I. J. Gelb, "Makkan and Meluhha in Early Mesopotamian Sources", *Revue d'Assyriologie et d'archéologie orientale*, 64/1 (1970), pp. 1 – 8.

A. Gerritsen, "From Long-Distance Trade to the Global Lives of Things: Writing the History of Early Modern Trade and material Culture", *Journal of Early Modern History*, 20 (2016), pp. 1 – 19.

I. Gershevitch, "Sissoo at Susa", *Bulletin of the School of Oriental and African Studies, University of London*, 19/2 (1957), pp. 317 – 320.

J. J. Glassner, "Mesopotamian textual evidence on Magan/Makan in the late 3rd millennium B. C. ", in P. M. Costa, M. Tosi eds. , *Oman Studies*, Rome: Istituto Italiano per il Medio ed Estremo Oriente, 1989, pp. 181 – 192.

I. Good, J. M. Kenoyer, R. H. Meadow, "New Evidence for Early Silk in the Indus Civilization", *Archaeometry*, 51/3 (2009), pp. 457 – 466.

B. Gratuze, "Obsidian characterization by laser ablation ICP-MS and its application to the prehistoric trade in the Mediterranean and the Near East: The source and distribution of obsidian within the Aegean and Anatolia", *Journal of Archaeological Science*,

26 (1999), pp. 869 – 881.

W. W. Hallo, "The Road to Emar", *Journal of Cuneiform Studies*, 18/3 (1964), pp. 57 – 88.

V. Hankey, "Mycenaean Pottery in the Middle East: Notes on Finds since 1951", *Bulletin on Sumerian Agriculture*, 62 (1967), pp. 107 – 147.

V. Hankey, "Mycenaean Trade with the Southeastern Mediterranean", *Mélanges de l'Université Saint-Joseph*, 46 (1970 – 1971), pp. 11 – 30.

J. Hansman, "A 'Periplus' of Magan and Meluhha", *Bulletin of the School of Oriental and African Studies*, *University of London*, 36/3 (1973), pp. 554 – 587.

J. Hansman, "A Further Note on Magan and Meluhha", *Bulletin of the School of Oriental and African Studies*, *University of London*, 38/3 (1975), pp. 609 – 614.

E. Healey, "Obsidian as an Indicator of Inter-Regional Contacts and Exchange: Three Case-Studies from the Halaf Period", *Anatolian Studies*, 57 (2007), pp. 171 – 189.

M. Heltzer, "The Metal Trade of Ugarit", in J. D. Hawkins ed., *Trade in the Ancient Near East: Papers presented to the XXIII Rencontre Assyriologique Internationale University of Birmingham 5 – 9 July, 1976*, London: British School of Archaeology in Iraq, 1977, pp. 203 – 212.

G. Herrmann, "Lapis Lazuli: The Early Phases of Its Trade", *Iraq*, 30/1 (1968), pp. 21 – 57.

G. Herrmann, P. R. S. Moorey, "Lapis Lazuli", *Reallexikon der*

Assyriologie und Vorderasiatischen Archäologie, 6 (1983), pp. 488 – 492.

F. T. Hiebert, C. C. Lamberg-Karlovsky, "Central Asia and the Indo-Iranian Borderlands", Iran, 30 (1992), pp. 1 – 15.

Y. L. Holmes, "The Foreign Trade of Cyprus during the Late Bronze Age", in N. Robertson ed. , The Archaeology of Cyprus, Park Ridge: Noyes Press, 1975, pp. 90 – 110.

P. J. Huber, "Astronomical dating of Babylon I and Ur III", Monographic Journals of the Near East, 41 (1982), pp. 3 – 84.

K. Jaritz, "Tilmun-Makan-Meluhha", Journal of Near Eastern Studies, 27/3 (1968), pp. 209 – 213.

F. Joannès, "Structures et opérations commerciales en Babylonie à l'époque néo-babylonienne", in J. G. Dercksen ed. , Trade and Finance in Ancient Mesopotamia (Mos Studies 1). Proceedings of the First Mos Symposium (Leiden 1997), Leiden: Nederlands Instituut voor het Nabije Oosten, 1999, pp. 175 – 194.

H. Katz, "The Ship from Uluburun and the Ship from Tyre: An International Trade Network in the Ancient Near East", Zeitschrift des Deutschen Palästina-Vereins, 124/2 (2008), pp. 128 – 142.

J. Keller, C. Seifried, "The present status of obsidian source characterization in Anatolia and the Near East", PACT, 25 (1990), pp. 57 – 87.

J. M. Kenoyer, "Marine and Riverine Trade of the Indus Cities: Strategies for Research and Interpretation", in A. Tripathi ed. , Proceedings of the International Seminar on Marine Archaeology –

3, 23 - 24 Aug 2007, New Delhi: Indian Society for Marine Archaeology, 2012, pp. 43 - 57.

J. M. Kenoyer, "Textiles and Trade in South Asia during the Proto-historic and Early Historic Period", in B. Hildebrandt ed. , *Silk, Trade and Exchange along the Silk Roads between Rome and China in Antiquity*, Oxford: Oxbow Books, 2016, pp. 9 - 33.

H. Klengel, "Nomaden und Handel", in J. D. Hawkins ed. , *Trade in the Ancient Near East: Papers presented to the XXIII Rencontre Assyriologique Internationale University of Birmingham 5 - 9 July, 1976*, London: British School of Archaeology in Iraq, 1977, pp. 163 - 170.

K. Kobayashi, A. Z. Mochizuki, A. Mochizuki, "Classification of obsidian source in Turkey II: Classification of obsidian sources in eastern Anatolia", *Anatolian Archaeological Studies/ Kaman-Kalehoyük*, 12 (2003), pp. 109 - 112.

P. L. Kohl, "The Archeology of Trade", *Dialectical Anthropology*, 1/1 (1975), pp. 43 - 50.

P. L. Kohl, "The Balance of Trade in Southwestern Asia in the Mid-Third Millennium B. C. ", *Current Anthropology*, 19/3 (1978), pp. 463 - 492.

G. Komoróczy, "Tilmun als 'Speicher des Landes'", in J. D. Hawkins ed. , *Trade in the Ancient Near East: Papers presented to the XXIII Rencontre Assyriologique Internationale University of Birmingham 5 - 9 July, 1976*, London: British School of Archaeology in Iraq, 1977, pp. 67 - 70.

S. N. Kramer, "Commerce and Trade: Gleanings from Sumerian Literature", in J. D. Hawkins ed. , *Trade in the Ancient Near East: Papers presented to the XXIII Rencontre Assyriologique Internationale University of Birmingham 5 – 9 July*, *1976*, London: British School of Archaeology in Iraq, 1977, pp. 59 – 66.

Bh. Krišhnamurti, "The Dravidian Identification of Meluhha, Dilmun and Makan", *Journal of the Economic and Social History of the Orient*, 26/2 (1983), pp. 191 – 192.

H. Kulke, "Die Lapislazuli-lägerstätte Sare Sang (Badakhshan): Geologie, Entstehung, Kulturgeschichte und Bergbau", *Afghanistan Journal*, 3/2 (1976), pp. 1 – 16.

C. C. Lamberg-Karlovsky, "Trade Mechanism in Indus-Mesopotamian Interrelations", *Journal of the American Oriental Society*, 92/2 (1972), pp. 222 – 229.

C. C. Lamberg-Karlovsky, M. Tosi, "Shahr-i Sokhta and Tepe Yahya: Tracks on the Earliest History of the Iranian Plateau", *East and West*, 23/1 – 2 (1973), pp. 21 – 57.

C. C. Lamberg-Karlovsky, "Third Millennium Modes of Exchange and Modes of Production", in Jeremy A. Sabloff and C. C. Lamberg-Karlovsky eds. , *Ancient Civilization and Trade*, Albuquerque: University of New Mexico Press, 1975, pp. 350 – 362.

B. Landsberger, "Tin and Lead: the Adventures of Two Vocables", *Journal of Near Eastern Studies*, 24 (1965), pp. 285 – 296.

S. Langdon, "The Early Chronology of Sumer and Egypt and the

Similarities in Their Culture", *The Journal of Egyptian Archaeology*, 7 (1921), pp. 133 – 153.

A. W. Lassen, "The Trade in Wool in Old Assyrian Anatolia", *Jaarbericht "Ex Oriente Lux"*, 42 (2010), pp. 159 – 179.

M. T. Larsen, "Partnerships in the Old Assyrian Trade", *Iraq*, 39/1 (1977), pp. 119 – 145.

M. T. Larsen, "Commercial networks in the Ancient Near East", in M. Rowlands, M. Larsen and K. Kristiansen eds. , *Centre and Periphery in the Ancient World*, Cambridge: Cambridge University Press, 1987, pp. 47 – 56.

W. F. Leemans, "The Trade Relations of Babylonia and the Question of Relations with Egypt in the OB Period", *Journal of the Economic and Social History of the Orient*, 3 (1960), pp. 21 – 37.

W. F. Leemans, "Old Babylonian letters and economic history". *Journal of the Economic and Social History of the Orient*, 11 (1968), pp. 171 – 226.

W. F. Leemans, "The Importance of Trade. Some Introductory Remarks", *Iraq*, 39/1 (1977), pp. 1 – 10.

N. Luraghi, "Traders, Pirates, Warriors: The Proto-History of Greek Mercenary Soldiers in the Eastern Mediterranean", *Phoenix*, 60/1 – 2 (2006), pp. 21 – 47.

T. Maeda, "The Defense Zone during the Rule of the Ur III Dynasty", *Acta Sumerologica*, 14 (1992), pp. 135 – 172.

Y. Majidzadeh, "Lapis Lazuli and the Great Khorasan Road", *Paléorient*, 8/1 (1982), pp. 59 – 69.

A. Malamat, "Syro-Palestinian destinations in a Mari tin inventory", *Israel Exploration Journal*, 21 (1971), pp. 31 – 38.

M. E. L. Mallowan, "The Mechanics of Ancient Trade in Western Asia: Reflections on the Location of Magan and Meluhha", *Iran*, 3 (1965), pp. 1 – 7.

K. R. Maxwell-Hyslop, "Sources of Sumerian Gold: The Ur Goldwork from the Brotherton Library, University of Leeds. A Preliminary Report", *Iraq*, 39/1 (1977), pp. 83 – 86.

P. Michalowski, "Magan and Meluhha Once again", *Journal of Cuneiform Studies*, 40/2 (1988), pp. 156 – 164.

C. Michel, "La lapis-lazuli des Assyriens au début du IIe millenaire av. J. -C. ", in W. H. van Soldt, et al. eds. , *Veenhof Anniversary Volume. Studies Presented to Klaas R. Veenhof on the Occasion of his Sixty-fifth Birthday*, Publications de l'Institut historique-archéologique néerlandais de Stamboul 89, Leiden: Nederlands Instituut voor het Nabije Oosten, 2001, pp. 341 – 359.

A. R. Millard, "Cypriot Copper in Babylonia, c. 1745 B. C. ", *Journal of Cuneiform Studies*, 25/4 (1973), pp. 211 – 214.

P. R. S. Moorey, "The Archaeological Evidence for Metallurgy and Related Technologies in Mesopotamia, c. 5500 – 2100 B. C. ", *Iraq*, 44/1 (1982), pp. 13 – 38.

P. R. S. Moorey, "From Gulf to Delta in the Fourth Millennium B. C. : The Syrian Connection", *Eretz-Israel*, 21 (1990), pp. 62 – 69.

P. Mortensen, "On the Date of the Temple at Barbar in Bahrain",

Kuml, 1970, pp. 385 – 398.

J. D. Muhly, "Tin Trade Routes of the Bronze Age: New evidence and new techniques aid in the study of metal sources of the ancient world", *American Scientist*, 61/4 (1973), pp. 404 – 413.

J. D. Muhly, T. S. Wheeler, R. Maddin, "The Cape Gelidonya Shipwreck and the Bronze Age Metals Trade in the Eastern Mediterranean", *Journal of Field Archaeology*, 4 (1977), pp. 353 – 362.

J. D. Muhly, "The Cooper Ox-Hide Ingots and the Bronze Age Metals Trade", in J. D. Hawkins ed. , *Trade in the Ancient Near East: Papers presented to the XXIII Rencontre Assyriologique Internationale University of Birmingham 5 – 9 July, 1976*, London: British School of Archaeology in Iraq, 1977, pp. 73 – 82.

J. D. Muhly, "Sources of Tin and the Beginnings of Bronze Metallurgy", *American Journal of Archaeology*, 89/2 (1985), pp. 275 – 291.

H. Neumann, "Handel und Händler in der Zeit der III. Dynastie von Ur", *Altorientalische Forschungen*, 6 (1979), pp. 15 – 68.

H. Neumann, " Ur-Dumuzida and Ur-DUN. Reflections on the Relationship between State-initiated Foreign Trade and Private Economic Activity in Mesopotamia towards the End of the Third Millennium B. C. ", in J. G. Dercksen ed. , *Trade and Finance in Ancient Mesopotamia (Mos Studies 1)*, *Proceedings of the First Mos Symposium* (*Leiden 1997*) , Leiden： Nederlands Instituut voor het Nabije Oosten, 1999, pp. 43 – 54.

H. Oguchi, "Trade Routes in the Old Assyrian Period", *Al-Rāfidān*, 20 (1999) , pp. 85 – 106.

J. S. Olin, et al. , "Compositional analysis of glazed earthenwares from eighteenth-century sites on the northern Gulf Coast", *Historical Archaeology*, 36/1 (2002) , pp. 79 – 96.

A. T. Olmstead, "The Babylonian Empire", *American Journal of Semitic Languages*, 35 (1918 – 1919) , pp. 65 – 100.

A. L. Oppenheim, "The Seafaring Merchants of Ur", *Journal of the American Oriental Society*, 74 (1954) , pp. 6 – 17.

A. L. Oppenheim, "Trade in the Ancient Near East", in S. D. Skazkin ed. , *Problemy genezisa kapitalizma： Sbornik statej k Meždunarodnomu kongressu ekonomičeskoj istorii v Leningrade v 1970 g*, Moskva： Nauka, 1970, pp. 1 – 37.

D. I. Owen, "An Old Assyrian Letter from Nuzi", in D. I. Owen, Gernot Wilhelm eds. , *Studies on the Civilization and Culture of Nuzi and the Hurrians*, Vol. 7, Bethesda： CDL Press, 1995, pp. 65 – 67.

S. Page, "The tablets from Tell-Al-Rimah： A preliminary report", *Iraq*, 30 (1968) , pp. 87 – 97.

A. Parpola, S. Parpola, "On the relationship of the Sumerian toponym Meluhha and Sanskrit mleccha", *Studia Orientalia*, 46 (1975) , pp. 205 – 238.

S. Parpola, A. Parpola, R. H. Brunswig, "The Meluhha Village： Evidence of Acculturation of Harapan Traders in Late

Third Millennium Mesopotamia", *Journal of the Economic and Social History of the Orient*, 20/2 (1977), pp. 129 – 165.

J. C. Payne, "Lapis Lazuli in Early Egypt", *Iraq*, 30/1 (1968), pp. 58 – 61.

O. Pedersén, "Remains of a Possible Old Assyrian Archive", *Mitteilungen der Deutschen Orient-gesellschaft zu Berlin*, 121 (1989), pp. 135 – 138.

J. Peterson, D. R. Mitchell, M. S. Shackley, "The social and economic context of lithic procurement: Obsidian from Classic period Hohokam sites", *American Antiquity*, 62 (1997), pp. 231 – 259.

C. Perlès, T. Takaoglu, B. Gratuze, "Melian obsidian in NW Turkey: Evidence for early Neolithic trade", *Journal of Field Archaeology*, 36/1 (2011), pp. 42 – 49.

E. Pernicka, J. Keller, M. -C. Cauvin, "Obsidian from Anatolian sources in the Neolithic of the Middle Euphrates region (Syria)", *Paléorient*, 23/1 (1997), pp. 113 – 122.

C. A. Petrie, A. A. Chaverdi, M. Seyedin, "From Anshan to Dilmun and Magan: The Spatial and Temporal Distribution of Kaftari and Kaftari-Related Ceramic Vessels", *Iran*, 43 (2005), pp. 49 – 86.

K. Polanyi, "Traders and Trade", in Jeremy A. Sabloff and C. C. Lamberg-Karlovsky eds., *Ancient Civilization and Trade*, Albuquerque: University of New Mexico Press, 1975, pp. 133 – 154.

E. Porada, "A Lapislazuli Figurine from Hierakonpolis", *Iranica*

Antiqua, 1980, pp. 175 – 180.

Y. Portugali, A. Bernard Knapp, "Cyprus and the Aegean: A Spatial Analysis of Interaction in the 17th – 14th Centuries B. C. ", in A. B. Knapp and T. Stech eds. , *Prehistoric Production and Exchange: The Aegean and the East Mediterranean*, UCLA Institute of Archaeology Monograph 25, Los Angeles: UCLA Institute of Archaeology, 1985, pp. 44 – 78.

G. L. Possehl, "Meluhha", in J. Reade ed. , *The Indian Ocean in Antiquity*, Kegan Paul, 1996, pp. 133 – 208.

G. L. Possehl, "Seafaring Merchants of Meluhha", in R. Allchin and B. Allchin eds. , *South Asian Archaeology 1995*, New Delhi: Oxford and IBH Publications, 1997, pp. 87 – 100.

D. T. Potts, "The Road to Meluhha", *Journal of Near Eastern Studies*, 41/4 (1982), pp. 279 – 288.

D. T. Potts, "Dilmun: Where and When?", *Dilmun: Journal of the Bahrain Historical and Archaeological Society*, 2 (1983), pp. 15 – 19.

D. T. Potts, "On Salt and Salt Gathering in Ancient Mesopotamia", *Journal of the Economic and Social History of the Orient*, 27/3 (1984), pp. 225 – 271.

D. T Potts, "Rethinking Some Aspects of Trade in the Arabian Gulf", *World Archaeology*, 24/3 (1993), pp. 423 – 440.

D. T. Potts, "The Archaeology and Early History of the Persian Gulf", in L. G. Potter ed. , *The Persian Gulf in History*, New York: Palgrave MacMillian, 2009, pp. 27 – 56.

T. F. Potts, "Patterns of Trade in Third-Millennium B. C. Mesopotamia and Iran", *World Archaeology*, 24/3 （1993）, pp. 379 – 402.

M. A. Powell, "Sumerian Merchants and the Problem of Profit", in J. D. Hawkins ed. , *Trade in the Ancient Near East: Papers presented to the XXIII Rencontre Assyriologique Internationale University of Birmingham 5 – 9 July, 1976*, London: British School of Archaeology in Iraq, 1977, pp. 23 – 30.

S. F. Ratnagar, "Harappan Trade in its 'World' context", *Man and Environment*, 19/1 – 2 （1994）, pp. 115 – 127.

S. F. Ratnagar, "Theorizing Bronze-Age Intercultural trade: the evidence of the weights", *Paléorient*, 29/1 （2003）, pp. 79 – 92.

I. G. Ravich, N. V. Ryndina, "Early Copper-arsenic Alloys and the Problems of their Use in the Bronze Age of the North Caucasus", *Bulletin of Metals Museum*, 23 （1995）, pp. 1 – 18.

C. Renfrew, J. R. Cann, J. E. Dixon, "Obsidian in the Aegean", *Annual of the British School at Athens*, 60 （1965）, pp. 225 – 247.

C. Renfrew, J. E. Dixon and J. R. Cann, "Obsidian and early culture contact in the Near East", *Proceedings of the Prehistoric Society*, 32 （1966）, pp. 30 – 72.

C. Renfrew, J. E. Dixon and J. R. Cann, "Further analysis of Near Eastern obsidian", *Proceedings of the Prehistoric Society*, 34 （1968）, pp. 319 – 331.

C. Renfrew, "Trade and culture process in European prehistory", *Current Anthropology*, 10/2 – 3 （1969）, pp. 151 –

169.

J. Renger, "Patterns of Non-Institutional Trade and Non-Commercial Exchange in the Second Millennium", in A. Archi ed. , *Circulation of Goods in Non-Palatial Context in the Ancient Near East*, Rome: Ed. Dell'Ateneo, 1984, pp. 31 – 123.

M. Roaf, "Weights on the Dilmun Standard", *Iraq*, 44 (1982), pp. 137 – 141.

J. E. Robb, R. H. Farr, "Substances in Motion, Neolithic Mediterranean 'Trade'", in E. Blake and A. B. Knapp eds. , *The Archaeology of Mediterranean Prehistory*, Oxford: Blackwell, 2005, pp. 24 – 45.

S. A. Rosen, R. H. Tykot, M. Gottesman, "Long distance trinket trade: Early Bronze Age obsidian from the Negev", *Journal of Archaeological Science*, 32 (2005), pp. 775 – 784.

J. M. Sasson, "A sketch of North Syrian economic relations in the Middle Bronze Age", *Journal of the Economic and Social History of the Orient*, 9 (1966), pp. 161 – 181.

E. H. Seland, "Trade and Christianity in the Indian Ocean during Late Antiquity", *Journal of Late Antiquity*, 5/1 (2012), pp. 72 – 86.

R. A. Silverman, N. W. Sobania, "Gold and Silver at the Crossroads in Highland Ethiopia", *International Journal of Ethiopian Studies*, 1/2 (2004), pp. 82 – 109.

D. C. Snell, "The Activities of some Merchants of Umma", in J. D. Hawkins ed. , *Trade in the Ancient Near East: Papers presented to the XXIII Rencontre Assyriologique Internationale U-*

niversity of Birmingham 5 – 9 July, 1976, London: British School of Archaeology in Iraq, 1977, pp. 45 – 50.

D. C. Snell, "Marketless Trading in Our Time", *Journal of the Economic and Social History of the Orient*, 34/3 (1991), pp. 129 – 141.

A. Snodgrass, "Bronze Age Exchange: A Minimalist Position", in N. H. Gale ed., *Bronze Age Trade in the Mediterranean*, Jonsered: P. Astroms, 1991, pp. 15 – 20.

E. Sollberger, "The Rulers of Lagaš", *Journal of Cuneiform Studies*, 21 (1967), pp. 279 – 291.

G. Steiner, "Kaufmanns-und Handelssprachen im Alten Orient", in J. D. Hawkins ed., *Trade in the Ancient Near East: Papers presented to the XXIII Rencontre Assyriologique Internationale University of Birmingham 5 – 9 July, 1976*, London: British School of Archaeology in Iraq, 1977, pp. 11 – 18.

P. Steinkeller, "The Administrative and Economic Organization of the Ur III State: The Core and the Periphery", in McG. Gibson and R. Biggs eds., *The Organization of Power Aspects of Bureaucracy in the Ancient Near East*, Chicago: The Oriental Institute of the University of Chicago, 1987, pp. 19 – 41.

M. Strathern, "Qualified Exchange: The Perspective of Gift Exchange", in C. Humphreys and S. Hugh-Jones eds., *Barter, Exchange and Value*, Cambridge: Cambridge University Press, 1992, pp. 169 – 191.

M. Tengberg, "The importantion of wood to the Arabian Gulf in antiquity. The evidence from charcoal analysis", *Proceedings of the Seminar for Arabian Studies*, 32 (2002), pp. 75 – 81.

R. Thapar, "A Possible Identification of Meluhha, Dilmun and Makan", *Journal of the Economic and Social History of the Orient*, 18/1 (1975), pp. 1 – 42.

R. Thaper, "The Dravidian Hypothesis for the Identification of Meluhha, Dilmun and Makan", *Journal of the Economic and Social History of the Orient*, 26/2 (1983), pp. 178 – 190.

M. Tosi, "Excavatios at Shahr-i-Sokhta. Preliminary report on the second campaign, September-December 1968", *East and West*, 19/3 – 4 (1969), pp. 283 – 386.

M. Tosi, Piperno, "Lithic Technology behind the Ancient Lapis Lazuli Trade", *Expedition*, 20 – 21 (1973), pp. 15 – 23.

J. A. Ur, "Cycles of Civilization in Northern Mesopotamia, 4400 – 2000 B. C.", *Journal of Archaeological Research*, 18/4 (2010), pp. 387 – 431.

D. Ussushkin, "The 'Ghassulian' temple in Ein Gedi and the origin of the hoard from Nahal Mishmar", *Biblical Archaeology*, 34 (1971), pp. 23 – 29.

K. R. Veenhof, "Some Social Effects of Old Assyrian Trade", in J. D. Hawkins ed., *Trade in the Ancient Near East: Papers presented to the XXIII Rencontre Assyriologique Internationale University of Birmingham 5 – 9 July, 1976*, London: British School of Archaeology in Iraq, 1977, pp. 109 – 118.

K. R. Veenhof, "On the identification and implications of some bullae from Acehüyök and Kültepe", in M. J. Mellink, et al. eds., *Aspects of Art and Iconography. Anatolia and its Neigh-*

bours. Studies in Honor of Nimet Özgüç, Ankara, 1993, pp. 645 – 657.

K. R. Veenhof, "'Modern' Features in Old Assyrian Trade", *Journal of the Economic and Social History of the Orient*, 40/4 (1997), pp. 336 – 366.

K. R. Veenhof, "Silver and Credit in Old Assyrian Trade", in J. G. Dercksen ed. , *Trade and Finance in Ancient Mesopotamia (Mos Studies 1)*. *Proceedings of the First Mos Symposium (Leiden 1997)*, Leiden: Nederlands Instituut voor het Nabije Oosten, 1999, pp. 55 – 84.

K. R. Veenhof, "Archives of Old Assyrian Traders from kārum Kanish", in M. Brosius ed. , *Ancient Archives and Archival Traditions. Concepts of Record-Keeping in the Ancient World*, Oxford Studies in Ancient Documents, Oxford: Oxford University Press, 2003, pp. 78 – 123.

K. R. Veenhof, "Trade and Politics in Ancient Aššur. Balacing of Public, Coloial and Entrepreneurial Interests", in C. Zaccagnini, et al. eds. , *Trade and Politics in the Ancient World*, Saggi di Storia Antica 21, Rome, 2003, pp. 89 – 102.

K. R. Veenhof, "Ancient Assur: The City, its Traders, and its Commercial Network", *Journal of the Economic and Social History of the Orient*, 53/1 – 2 (2010), pp. 39 – 82.

K. R. Veenhof, "The City, its Traders, and its Commercial Network", *Journal of the Economic and Social History of the Orient*, 53/1 – 2 (2010), pp. 39 – 82.

B. Vogt, "Bronze Age Maritime Trade in the Indian Ocean:

Harappan Traits on the Oman Peninsula", in J. Reade ed. , *The Indian Ocean in Antiquity*, London: Kegan Paul International, 1996, pp. 107 – 132.

W. A. Ward, "Some Foreign Personal Names and Loan-Words from the Deir el-Medineh Ostraca", in A. Leonard and B. B. Williams eds. , *Essays in Ancient Civilization presented to H. J. Kantor*, Studies in Ancient Oriental Civilization 47, Chicago: The Oriental Institute of the University of Chicago, 1989, pp. 287 – 304.

S. E. Warren, "Linear exchange mechanisms and obsidian trade", *Revue d'Archéométrie*, 5 (1981), pp. 167 – 175.

P. J. Watson, "The Chronology of North Syria and North Mesopotamia from 10, 000 B. C. to 2, 000 B. C. ", in R. W. Ehrich ed. , *Chronologies in Old World Archaeology*, Chicago: University of Chicago Press, 1965, pp. 69 – 73.

L. R. Weeks, *Early Metallurgy of the Persian Gulf: Technology, Trade, and the Bronze Age World*, Leiden: Brill, 2004, pp. 15 – 16.

H. Weiss, T. C. Jr. Young, "The Merchants of Susa: Godin V and Plateau Lowland Relations of the Late Fourth Millennium B. C. ", *Iran*, 13 (1975), pp. 1 – 17.

T. A. Wertime, "In search of Anaku: Bronze Age mystery", *Mid-East*, 8/6 (1968), pp. 11 – 20.

O. Williams-Thorpe, "Obsidian in the Mediterranean and the Near East: A provenancing success story", *Archaeometry*, 37 (1995), pp. 217 – 248.

J. Wyart, et al., "Lapis Lazuli from Sar-e-Sang, Badakhshan, Afghanistan", *Gems and Gemology*, 1981, pp. 184 – 190.

R. S. Young, "Gordion on the Royal Road", *Proceedings of the American Philosophical Society*, 107/4 (1963), pp. 348 – 364.

J. Yellin, T. E. Levy, Y. M. Rowan, "New Evidence on Prehistoric Trade Routes: The Obsidian Evidence from Gilat, Israel", *Journal of Field Archaeology*, 23/3 (1996), pp. 361 – 368.

C. Zaccagnini, "The Merchant at Nuzi", in J. D. Hawkins ed., *Trade in the Ancient Near East: Papers presented to the XXIII Rencontre Assyriologique Internationale University of Birmingham 5 – 9 July, 1976*, London: British School of Archaeology in Iraq, 1977, pp. 171 – 190.

J. Zarins, "Ancient Egypt and the Red Sea Trade: The Case for Obsidian in the Predynastic and Archaic Periods", in A. Leonard and B. B. Williams eds., *Essays in Ancient Civilization presented to H. J. Kantor*, Studies in Ancient Oriental Civilization 47, Chicago: The Oriental Institute of the University of Chicago, 1989, pp. 339 – 368.

3. 中文参考书目

冯定雄:《罗马道路与罗马社会》,中国社会科学出版社 2012 年版。

拱玉书:《日出东方:苏美尔文明探秘》,云南人民出版社 2001 年版。

拱玉书：《西亚考古史（1842—1939）》，文物出版社 2002 年版。

拱玉书：《升起来吧！像太阳一样——解析苏美尔史诗〈恩美卡与阿拉塔之王〉》，昆仑出版社 2006 年版。

郭丹彤：《古代埃及对外关系研究》，黑龙江人民出版社 2005 年版。

郭丹彤：《埃及与地中海世界的交往》，社会科学文献出版社 2011 年版。

国洪更：《亚述赋役制度考略》，中国社会科学出版社 2015 年版。

黄洋：《古代希腊政治与社会初探》，北京大学出版社 2014 年版。

李海峰：《古巴比伦时期不动产经济活动研究》，社会科学文献出版社 2011 年版。

李海峰：《古巴比伦时期动产交易活动研究》，上海三联书店 2018 年版。

刘家和、廖学盛主编：《世界古代文明史研究导论》，北京师范大学出版社 2010 年版。

刘文鹏、吴宇虹、李铁匠：《古代西亚北非文明》，福建教育出版社 2008 年版。

沈爱凤：《从青金石之路到丝绸之路——西亚、中亚和亚欧草原古代艺术溯源》，山东美术出版社 2009 年版。

吴宇虹：《两河流域楔形文字经典举要》，黑龙江人民出版社 2006 年版。

于殿利：《巴比伦与亚述文明》，北京师范大学出版社 2013 年版。

［法］费尔南·布罗代尔：《菲利普二世时代的地中海和地中海世界》，唐家龙等译，商务印书馆 1998 年版。

［古希腊］希罗多德：《历史》，王以铸译，商务印书馆 2007年版。

［古希腊］希罗多德：《历史》，徐松岩译，上海三联书店2008 年版。

4. 中文论文

郭丹彤：《论古代埃及文明和爱琴文明的关系》，《东北师大学报》（哲学社会科学版）2005 年第 6 期。

郭丹彤：《公元前 1600—前 1200 年古代东地中海世界的联盟和联姻》，《东北师大学报》（哲学社会科学版）2009 年第6 期。

郭丹彤：《论公元前 1600 年至前 1100 年东地中海世界的战争》，《历史教学》2011 年第 4 期。

国洪更、吴宇虹：《古代两河流域和巴林的海上国际贸易——楔形文字文献和考古发现中的狄勒蒙》，《东北师大学报》（哲学社会科学版）2004 年第 5 期。

国洪更：《赋役豁免政策的嬗变与亚述帝国的盛衰》，《历史研究》2015 年第 1 期。

国洪更：《亚述帝国邮驿制度辨析》，《安徽史学》2016 年第3 期。

黄民兴：《论中东上古文明交往的阶段和特征》，《西北大学学报》（哲学社会科学版）2007 年第 2 期。

黄洋：《摩西·芬利与古代经济史研究》，《世界历史》2013

年第 5 期。

刘昌玉：《麦鲁哈与上古印度洋—波斯湾海上贸易》，《浙江师范大学学报》（社会科学版）2016 年第 5 期。

刘昌玉：《古老商路沟通中亚与西亚》，《中国社会科学报》2016 年 1 月 25 日第 4 版。

刘昌玉：《"青金之路"开拓亚洲西段古代贸易》，《中国社会科学报》2017 年 3 月 20 日第 4 版。

刘健：《东地中海地区古代民族的交流及其文化特性》，《上海师范大学学报》（哲学社会科学版）2006 年第 6 期。

刘健：《"世界体系理论"与古代两河流域早期文明研究》，《史学理论研究》2006 年第 2 期。

刘健：《区域性"世界体系"视野下的古代两河流域史》，《全球史评论》2009 年第 2 辑。

刘欣如：《印度河文明的对外贸易》，《南亚研究》1987 年第 1 期。

刘学堂、李文瑛：《中国早期青铜文化的起源及其相关问题新探》，《藏学学刊》2007 年第 3 辑。

刘学堂、李文瑛：《史前"青铜之路"与中原文明》，《新疆师范大学学报》（哲学社会科学版）2014 年第 2 期。

欧阳晓莉、［美］安德烈娅·柏林：《腓尼基城邦推罗与两河流域尼普尔城》，《光明日报》2016 年 11 月 5 日。

欧阳晓莉：《波兰尼的经济模式与两河流域经济史研究》，《史学理论研究》2018 年第 1 期。

钱江：《古代波斯湾的航海活动与贸易港埠》，《海交史研究》2010 年第 2 期。

舒运国：《阿拉伯人与古代东非贸易》，《阿拉伯世界》1987

年第 3 期。

孙宝国：《阿玛纳时代的东地中海世界政治生态》，《上海师范大学学报》（哲学社会科学版）2017 年第 4 期。

孙淑云、潜伟：《古代铜、砷铜和青铜的使用与机械性能综述》，《机械技术史》，2000 年，第 237—245 页。

吴宇虹：《南方塞姆文明和北方印欧文明五千年的冲突与交融》，《东北师大学报》（哲学社会科学版）2004 年第 2 期。

吴宇虹、国洪更：《古代两河流域和巴林的海上国际贸易》，《东北师大学报》（哲学社会科学版）2004 年第 5 期。

杨巨平：《亚历山大东征与丝绸之路开通》，《历史研究》2007 年第 4 期。

叶舒宪：《丝绸之路还是玉石之路：河西走廊与华夏文明传统的重构》，《能源评论》2012 年第 11 期。

易华：《金玉之路与欧亚世界体系之形成》，《社会科学战线》2016 年第 4 期。

雍际春：《中西青铜文化交流与青铜之路》，《丝绸之路》2016 年第 6 期。

袁指挥：《海上民族大迁徙与地中海文明的重建》，《世界民族》2009 年第 3 期。

袁指挥：《古埃及国内贸易论析》，《东北师大学报》（哲学社会科学版）2016 年第 3 期。

中英文专有名词对照表

1. 人名

阿比萨莱	Abisare
阿加	Agga
阿拉德南那	Arad-Nanna
阿马尔辛	Amar-Suen
阿马特宁加尔	Amat-Ningal
阿舒尔那丁阿赫二世	Ashur-nadin-ahhe Ⅱ
阿舒尔乌巴里特一世	Ashur-uballt Ⅰ
布尔那布里亚什	Burnaburiyash
茨里辛	Silli-Sin
达杜沙	Dadusha
达米克图姆	Damiqtum
达米可伊利舒	Damiq-ilishu
埃阿纳西尔	Ea-Nasir
埃里巴阿达德一世	Eriba-Adad Ⅰ
埃里舒姆一世	Erishum Ⅰ
恩美巴拉格西	En-me-barage-si

恩美卡	Enmerkar
恩奇都	Enkidu
古地亚	Gudea
衮古努	Gungunum
汉谟拉比	Hammurabi
吉尔伽美什	Gilgamesh
里皮特伊什塔尔	Lipit-Ishtar
卢恩利拉	Lu-Enlila
卢古努图尔	Lugunutur
卢基利扎勒	Lugirizal
玛尼什吐苏	Manishtushu
玛尼乌	Manium
穆尔西里一世	Mursili Ⅰ
纳姆哈尼	Namhani
尼布甲尼撒一世	Nebuchadnezzar Ⅰ
普朱尔阿舒尔一世	Puzur-Ashur Ⅰ
瑞穆什	Rimush
瑞姆辛	Rim-Sin
萨尔贡	Sargon
萨姆埃尔	Sumu-el
萨姆苏伊鲁那	Samsu-iluna
舒勒吉	Shulgi
舒辛	Shu-Suen
苏穆阿布穆	Shumu-abum
塔兰乌兰	Taram-Uram
提格拉特帕拉萨尔一世	Tiglath-Pileser Ⅰ

提格拉特帕拉萨尔二世	Tiglath-Pileser Ⅱ
提里干	Tirigan
图库尔提尼努尔塔一世	Tukulti-Ninurta Ⅰ
图什拉塔	Tushratta
乌尔恩克	Ur-enk
乌尔兰马	Ur-Lamma
乌尔那穆	Ur-Nammu
乌尔纳如阿	Ur-Narua
乌尔南舍	Ur-Nanshe
乌尔伊格阿里姆	Ur-Igalim
乌尔扎巴巴	Ur-Zababa
乌图赫伽尔	Utu-hegal
辛卡施德	Sin-kashid
亚斯马赫阿杜	Yasmah-Addu
伊巴勒皮埃勒二世	Ibal-pi-El Ⅱ
伊比辛	Ibbi-Suen
伊丁宁因扎克	Idin-Nin-inzak
伊利利亚	Ililiya
伊利帕斯拉	Ili-ippasra
伊鲁舒马	Illushuma
伊什比埃拉	Ishbi-Erra
伊什美达干	Ishme-Dagan
因萨克加米尔	Insakgamil
孜姆瑞里姆	Zimri-Lim

2. 地名

（1）古代地名

阿巴尔萨	Abarsal
阿达卜	Adab
阿尔扎瓦	Arzawa
阿卡德	Akkad
阿克沙克	Akshak
阿拉拉赫	Alalakh
阿拉西亚	Alashiya
阿拉塔	Aratta
阿纳特	Anat
阿什克隆	Ashkelon
阿什那库	Ashnakkum
阿舒尔	Ashur
阿特蒙	Atmum
阿万	Awan
阿希胡姆	Ahihum
安山	Anshan
巴比伦	Babylon
巴比伦尼亚	Babylonia
巴德提比拉	Bad Tibira
巴拉赫西	Barahshi
比布罗斯	Byblos
波尔西帕	Borsippa

德尔	Der
迪尔巴特	Dilbat
狄勒蒙	Dilmun
杜尔 – 库里加尔祖	Dur Kurigalzu
埃勃拉	Ebla
埃卡拉图	Ekallatum
埃兰	Elam
埃利都	Eridu
埃马尔	Emar
埃穆特巴尔	Emut-Bal
埃什努那	Eshnunna
恩科米	Enkomi
腓尼基	Phoenicia
佛里吉亚	Phrygia
古阿巴	Guabba
古比	Gubi
哈拉卜	Halab
哈兰	Harran
哈马兹	Hamazi
哈那	Hana
哈提	Hatti
海国	Sealand
赫梯	Hittite
吉尔苏	Girsu
基什	Kish
基苏拉	Kisurra

加苏尔	Gasur
卡迭石	Qadesh
卡尔凯美什	Carchemish
卡尼什	Kanesh
喀特那	Qatna
卡扎鲁	Kazallu
库什	Kush
库塔	Kuta
库提	Guti
拉尔萨	Larsa
拉格什	Lagash
腊皮库	Rapiqum
卢里斯坦	Luristan
马干	Magan
马尔古姆	Malgum
马尔哈西	Marhashi
马腊德	Marad
马里	Mari
麦鲁哈	Meluhha
迈锡尼	Mycenae
曼基苏	Mankisum
美吉多	Megiddo
米利都	Miletus
米坦尼	Mitanni
纳加尔	Nagar
尼那	Nina

尼尼微	Nineveh
尼普尔	Nippur
努孜	Nuzi
欧贝德	Ubaid
朋特	Punt
普兹瑞什达干	Puzrish-Dagan
舍赫纳	Shehna
舒巴特恩利尔	Shubat-Enlil
舒鲁帕克	Shuruppak
舒沙拉	Shusharra
苏美尔	Sumer
苏萨	Susa
台尔喀	Terqa
特洛伊	Troy
图如库	Turukku
图图卜	Tutub
图图勒	Tuttul
推罗	Tyre
乌尔	Ur
乌尔凯什	Urkesh
乌加里特	Ugarit
乌拉尔图	Urartu
乌鲁克	Uruk
乌鲁姆	Urum
乌玛	Umma
西顿	Sidon

西马什基	Shimashki
西穆卢姆	Simurrum
西帕尔	Sippar
亚尔姆提	Yarmuti
雅哈皮拉	Yahappila
雅穆特巴尔	Yamutbal
亚述	Assyria
延哈德	Yamhad
伊达马拉斯	Idamaras
伊新	Isin
扎巴兰	Zabalam

（2）今地名

阿布沙拉比赫	Abu Salabih
阿拉伯河	Shatt al-Adab
阿勒颇	Aleppo
阿鲁达山	Jebel Aruda
阿姆河	Amu Darya
阿玛努斯山	Amanus
阿穆克	Amuq
阿纳拉克	Anarak
阿斯玛尔	Tell Asmar
阿希格尔	Acigöl
安纳托利亚	Anatolia
巴达赫尚	Badakhshan
巴孔	Bakun

巴里赫河	Balikh
巴姆	Bam
巴塞特吉	Bassetki
贝加尔湖	Baikal
宾格尔	Bingöl
波斯湾	Persian Gulf
查胡赛尼	Chah Husaini
昌胡达罗	Chanhu-Daro
大不里士	Tabriz
达什提卡比尔	Dasht-i Kabir
达什提鲁特	Dasht-i Lut
大扎布河	Great Zab
德黑兰	Tehran
底格里斯河	Tigris
迪亚巴克尔	Diyarbakir
埃尔加尼	Ergani
埃尔加尼麦登	Ergani Maden
埃尔托德	El-Tod
法鲁哈别	Tepe Farukhabad
凡湖	Van Lake
盖普	Gap
高加索	Caucasia
戈尔迪	Gordion
格里多亚角	Cape Gelidonya
勾丁	Godin
古吉拉特	Gujarat

哈布尔河	Khabur
哈措尔	Hazor
哈拉帕	Harappa
哈里杰绿洲	Kharga Oasis
哈珊鲁	Hasanlu
哈希奈比	Hacinebi Tepe
胡齐斯坦	Khuzestan
基克拉底群岛	Cyclades
加卜莱斯坦	Ghabrestan
加兹温	Qazvin
捷姆迭特那色	Jemdet Nasr
卡法迦	Khafajah
卡夫托尔/开弗提乌	Caphtor/Keftiu
卡拉奇	Karachi
喀拉特舍尔喀特	Qalat Sherqat
凯尔曼	Kerman
康沃尔	Cornwall
科克查河	Kokcha
克里特	Crete
库尔德	Kurd
兰加尔	Langar
里海	Caspian Sea
洛塔尔	Lothal
马克冉	Makran
麦兰丘	Tepe Malyan
麦什德	Meshed

乌鲁布伦	Uluburun
乌姆－安纳尔	Umm an-Nar
锡利群岛	Isles of Scilly
西里施安	Shir-i Shian
希萨尔	Tepe Hissar
锡亚尔克	Sialk
小扎布河	Little Zab
辛沙拉	Tell Shimshara
雅法	Jaffa
雅赫亚	Tepe Yahya
雅金	Jagin
亚明	Yamin
亚兹德	Yazd
伊卜里斯	Tal-i-Iblis
伊山艾尔巴利亚特	Ishan al-Bahriyat
伊斯法罕	Isfahan
印度河流域	Indus Valley
幼发拉底河	Euphrates
扎格罗斯山	Zagros

后　记

当我还在德国海德堡大学读书时，已经开始关注古代两河流域的商路研究方向，为此我特意搜集了许多相关的研究资料，虽然那时我的主要研究方向是乌尔第三王朝的经济史。当时我有一个不太成熟的疑问，丝绸之路开辟以前的东西方交通是怎么样的？放在今天，这应该是一个很大很难的课题。古代两河流域的商路研究，不仅涉及楔形文字文献的解读，还有考古发掘的成果，甚至对某些商品的化学分析与检测的结论，都是本书所要依靠和参考的证据资料。理解与分析这么多跨学科的研究资料，不是一件容易的事情。我在本书写作过程中常常会有"才疏学浅""知识用时方觉少"的感触和苦楚。同时，本书的写作参考大量英、德、法文的论著成果，对于外语的熟练能力也时常考验着我。

本书的完成，并没有解决我心中的所有疑问，只解决了其中的一部分，还有很大一部分问题，期待今后继续解决和完善。

本书的创作得到了诸多学界前辈、同行们的大力支持与帮助，在此表示由衷感谢。不仅要感谢亚述学的各位前辈和同人的关心与指导，也要感谢埃及学、古典学、中国史、考古学等专家和学者们的无私帮助。感谢我的硕士研究生导师吴宇虹先生和尾崎亨先生，感谢我的博士研究生导师 Markus Hilgert 教授和 Stefan M. Maul 教授，感谢我的博士后合作导师张涌泉先生。特别要感谢我的家人，你们是我学术道路上的精神支柱。

由于笔者的学术水平有限，书中难免有这样那样的纰漏，诚挚地期待专家和读者批评指正，意见和建议请发送到assyrialiu@126.com。

刘昌玉

2019 年 4 月 4 日

浙江师范大学丽泽花园